增订版

历史的坏脾气

晚近中国的另类观察

张鸣 著

山西出版传媒集团
山西人民出版社

图书在版编目（CIP）数据

历史的坏脾气：晚近中国的另类观察 / 张鸣著 . -- 太原：山西人民出版社，2020.7
ISBN 978-7-203-11473-4

Ⅰ. ①历… Ⅱ. ①张… Ⅲ. ①中国历史—史评 Ⅳ. ① K207

中国版本图书馆 CIP 数据核字（2020）第 092155 号

历史的坏脾气：晚近中国的另类观察（增订版）

著　　　者	张　鸣
责任编辑	崔人杰
复　　审	贾　娟
终　　审	李广洁
出 版 者	山西出版传媒集团・山西人民出版社
地　　址	太原市建设南路 21 号
邮　　编	030012
发行营销	010-62142290
	0351-4922220　4955996　4956039
	0351-4922127（传真）　4956038（邮购）
E-mail	sxskcb@163.com（发行部）
	sxskcb@163.com（总编室）
网　　址	www.sxskcb.com
经 销 者	山西出版传媒集团・山西人民出版社
承 印 厂	北京汇林印务有限公司
开　　本	889mm×1092mm　1/32
印　　张	8.75
字　　数	170 千字
版　　次	2020 年 7 月　第 1 版
印　　次	2024 年 6 月　第 7 次印刷
书　　号	ISBN 978-7-203-11473-4
定　　价	48.00 元

如有印装质量问题请与本社联系调换

增订版序

《历史的坏脾气》这本随笔集,是我出道以来第二本这样的集子。这本集子酝酿出版的时候,我还特别醉心学术,对这种随笔散文,基本上不感什么兴趣。之所以写了一些,是因为《读书》。当我还在乡下的时候,就喜欢这本杂志,老是做梦给《读书》撰稿,也不自量力地试过,都退稿了。后来,我来到了北京,这个梦,稀里糊涂就实现了。当时我正在研究教案和义和团,因此随手就给《读书》写了不少这方面的文字,采用率很高,几乎年年都会有几篇,有一年,竟然用了九篇,成为有人攻击《读书》主编只用圈子里的人的稿件的一大罪证,其实,当时我跟《读书》的两位主编一点都不熟,见面都叫不出名字。

后来,在《读书》上发的文字,合集出版,这只是《读书》编辑的一点余兴事业,名字叫作《直截了当的独白》,据说卖得相当不错。所以,陆续就有一些报刊来约稿,陆陆续续,写了一些零碎。然后,嗅觉特好,也是我们校友的出版商尚红科,就来找我,让我把这些稿子给他,出个集子。我攒吧攒吧，就把稿子塞给了他。然后，就去香港访学去了。我人还在香港呢，集子出来了，名字叫作《历史的坏脾气》，大概是这个书名太怪了，我人还在香港呢，眼睁睁看着书卖了又卖。我人不在大陆，也没法像后来那样搞活动，而且，我一直拒绝炒作自己，那时候的心思就是，我就是一个学者，又不混娱乐圈，要那么大名声干甚？然而，这书真的就让我出了点不大不小的名声。别的不讲，在媒体圈子里，约稿多了，而且稿酬见涨。

后来，我写随笔就一发不可收拾了，不仅写历史文化随笔，还写时评。我这个人，没有别的优点，就是手比较快，人也勤快，所以，对我来说，写点这样的东西，看书看累了，可以一挥即就。反正，我这个人平时读书，就喜欢记一些边角料似的东西，这种时候，正好可以拿出派用场。结果，书出来之后，有学者竟然一本正经地问我，说你是不是瞎编的，真让我哭笑不得。

尽管我的随笔集出了一本又一本，但我真正看重的，还是我自己的研究。随笔集出得非常多，但研究性的专著，也并不少。随笔集里，名气最大的，可能还是这本《历史的坏脾气》，好些当年的中学生和他们的老师，都看过它。他们长大之后，对我这个人唯一的记忆，就是这个坏脾气。有位上海的学界名流，还写了一篇《张鸣的坏脾气》调侃我（当时我正在跟我们学院的院长在网上吵架，他实际上是在声援我)。在这里,我要声明,这个书名,不是我起的,而是书籍编辑的杰作。也许,在他的编辑生涯中,这是一个很出彩的事儿。而我的书,则沾光大卖,最便宜的,当然还是我。

这年头,出版社活着,是靠补助,而出版商能活着,那是靠坚韧,非同寻常的坚韧。我一度认为,出版这个事业,已经都凉了呢。打死都没想到,这本书居然还能再版。没啥可说的,这年头,还能看书的人,都是稀罕动物了,所以,如果还有人喜欢我这本书,我一定要在家里念佛了。

爰为序,顺便,给读者一个祝愿,在今后好好活下去!

张鸣,于京西裘马四季

2020年5月18日

写在前面

一日,一个出版界的朋友来访,谈起她在今年书市上遇到的跟我有关的一段趣事。说是在一个摊上看到了我那本《直截了当的独白》,刚想掏钱买,就听得旁边几个人在议论:"这不是张鸣的书吗,买一本,买一本!"忽又有一人言道:"张鸣是谁呀?"只听书摊的摊主接茬儿道:"张鸣就是那个写通俗小故事的,他的书好看,买吧。"

真没有想到,原来我在卖书的人眼里,是这么一种形象,听起来真有点哭笑不得的感觉。

虽然我一直提倡史学要通俗化,不要轻易地将本该属于自己的阵地交给写本子的作家,而且我的随笔也的确有些故事,但却从来没有认为自己是个写故事的。当然,能把历史上发生的事情原原本本地讲出来,也是不容易的,尤其是要讲得合情合理,丝丝入扣,更是难事。

肚子里没有几车书,加上几道沟壑,其实故事也是不可能真正讲得清楚的。可是,不管别人怎么看,我在面对历史故事和人物的时候,如果非要写点什么,往往在意于这故事背后的东西。如果我认为发掘不出来什么，那百分之百是不会动笔的。当然，我没有任何理论或者思想体系，也从不奢想用自己的所谓思想框架给历史以某种解释。对我来说，说一个事就是一个事，点到为止，从不想把话说满，当然也说不满，尽可能给读者诸君留点想象的空间。

在很多场合下，我是被人视为专业人士的，但是把我定在什么专业上，其实是件难事。身在政治学专业教书，做的却是晚清史，教的是制度史，害得我女儿每当人家问起她爸爸是干什么的，都感到很麻烦。尽管我专业的感觉有点混乱，但毕竟还是在专业圈子里，不，确切地说是一脚门里一脚门外。严格来讲，只要需要，我也可以做出中规中矩的学术论文。这就意味着，当我在写这些散碎的小东西的时候，必须考虑专业人士的眼光，就是说，可以让他们说我不务正业，但不能让他们说我胡说八道。

所以，其实我还做不到卖书人给我的定位，一个写通俗小故事的。首先我不可能通俗到老妪能解的地步，达到《故事会》的水准。其次，我不可能迎合什么人，我只是写我自己想写的而已，把我想说的倒出来，也就行了。有人说，张鸣看历史，总是跟别人不一样。没错，如果说我的文字还有可取之处的话，就是我总是有意无意地把所观察到的历史颠过来看，非要把漂亮孔雀后面的屁股拿来示人。总而言之，一肚皮不合时宜。没想到世上还有这样傻的出版人，非要我将一年来积攒的零碎，攒起来出个集子。几十篇的零碎堆在一起，感觉是好是坏，乐意看的读者自己品味就是。

张鸣

2005年8月10日

目录

军阀有性格

"五四"传统与军阀余荫 / 3

北京兵变与袁世凯 / 9

袁世凯的"选举" / 16

买个总统当当 / 19

军汉"韩青天" / 22

"臭棋篓子"段祺瑞 / 25

"三不知将军"和他的诗 / 28

孙殿英和他的"麻将相术" / 34

"马桶将军"的用人术 / 37

借佛法斗架的武夫 / 40

各大马路巡阅使 / 43

神仙治军 / 46

昔日南天王 / 49

晚近人物脸谱

别个世界里的第一夫人 / 53

总理县长唐绍仪 / 58

顺人章士钊 / 61

簧声戏影里的西太后 / 64

西太后、义和团和外国公使夫人 / 71

"官屠"刀钝 / 77

康熙的才学 / 83

雍正的天真 / 86

《三国演义》与隆科多的晦气 / 92

道光皇帝的考试规则 / 95

关于三个"猛人"的神话 / 101

可人张之洞 / 104

左师爷的牛脾气和樊总兵的错会意 / 111

左宗棠晚年的"骂人事业" / 114

历史的坏脾气

做皇帝的故事 / 119

有为政府的代价 / 125

"胭脂虎"和夫人路线 / 129

名人肚子的故事 / 133

吃溺与排场 / 135

一副急泪 / 137

鸡犬升天之后 / 139

排名的重要性 / 142

尊严与权力 / 145

中国人都是皇帝的粉丝,为何皇朝还会易姓? / 149

财富,模糊的边界 / 152

中华帝国:制度的断想 / 157

不确定的道路

别把诗人的话当真 / 173

由哭而惹出的案子 / 176

一个跟乌鸦有关的文字狱 / 179

一场青年党谋划的四川内战 / 186

武秀才 / 190

同文馆的成就 / 193

民国的县太爷 / 196

"倒霉"与"王帽子" / 199

教育改革视野下的乡村世界

——由新政谈起 / 201

私塾消失背后的黑洞 / 209

庶民的世界

太政治的"花业" / 221

流氓大亨的脸面 / 229

农民式的权力制约方案 / 232

发生在僻地山乡的一件小事

——闲话辛亥 / 235

"《新生》事件"与日本的逻辑 / 244

警惕"儿戏战争观"的重现 / 248

"三十六计"海洛因 / 252

站在地上看世界 / 258

军阀有性格

"五四"传统与军阀余荫

"五四"时期是近代以来中国人最耀眼的岁月。引进西潮，提倡新文化，追捧德赛两先生，还上大街游行，抗议巴黎和会帝国主义的分赃，在赵家楼放了一把火，接着就是"问题与主义"、社会主义论战、科玄论战，最后是有了共产党。毛泽东总是说"五四"的好话，因为他认为自己是"五四"精神的守护神；蒋介石老要嘟囔"五四"的坏话，因为在他看来，"五四"教坏了一代青年，毛泽东就是这青年之一。自延安时期以来，我们每年都要发扬一下"五四"精神，大会开完了开小会。虽然多数时候"赛先生"总是排在上首，但从来也没有把"德先生"丢下不管。多少年了，无论中国人还是外国人，都觉得"五四"具有划时代的意义。在我们的教科书上，"五四"是现代史的开端，而在其他一些学术研究中，"五四"的分量同样足得吓人。好像后面的历史都是从这里发端，后面的好多问题都可以还原到"五四"的原点，什么"救亡与启蒙"，什么全盘西化，什么唯科学主义，什么空想社会主义性质的新村主义。

然而，每当提起"五四"，我总要想到军阀，因为"五四"恰好发生在军阀统治时期，大总统是徐世昌，实际掌权的则是皖系军阀段祺瑞。那些看起来乌烟瘴气的军阀表演，和后世同样的乌烟瘴气让我想到，"五四"的作用，是否更多地是一种精神象征。我们的民族，按美籍华人学者林毓生的说法，多少有点思想文化决定论的倾向，兴亡更替，人们总是把板子打在学风和士风的屁股上。明亡，大家说是学风空疏，士大夫袖手谈心性所致；晚清势危，人们又埋怨乾嘉以来的朴学考据。"五四"和"五四"以后，尽管有好事者引入了实验主义，但这种思想文化决定论却依然故我。

军阀是个坏东西，这没问题。其实，近代以来，凡带上个"阀"字的名词，就有点骂人的意思了（在老祖宗那里，"阀阅"好像还是挺中性的，只是"门阀"才有点贬义），军阀、学阀、财阀、党阀，细排下去，大概还有十几个。其中军阀是最为人鄙夷的，因为这些人手里有枪，属于千余年来为国人所不齿的军汉武夫，行为粗鲁，不讲道理，看上哪个女学生，就要拉去当姨太太。不幸的是，"五四"前和"五四"后，政坛上的主角却只能是军阀，有枪的，说话声音就大。声音大的人也不光干坏事。"五四"上街抗议的时候，学生一批批被抓，北大法学院都改了监狱，好像当局依然心如铁石，就是不理会。后来的转机，我们的教科书上说是上海工人一声援，北京政府害了怕，赶紧命令中国代表拒绝在和约上签字。其实，当时声援的不仅有工人，还有军阀，闹得最凶的当属号称善战的北洋军阀第三师的师长吴佩孚，此公时在湖南前线（南北军阀混战的前线），总是在报上抨击卖国贼，今天一篇新式的《驱鳄鱼文》，明日一通仿《讨武曌檄》；上海护军使卢永祥其实也在帮腔，所谓上海的罢工的严重后果云云，其实就是他拿来吓唬北京政府的。到底谁最后起了作用？我说不清，但至少不能说军阀的起哄没有用。

在这里，我所要说的并不只是声音大小的问题，问题的关键，在于这些声音大的人的所作所为对后来历史的影响。思想家的思想有影响，军阀的政治举措未必就没有影响。《新青年》风靡海内，销量最多时不过万余，下层的百姓根本就不知道怎么回事，就是知道也理解不了。而军阀的政治操作，动辄波及数十万的士兵或者成百万的老百姓，让他们过了多少年还记忆犹新。"五四"以后的军阀，还真是喜欢弄出点动静。直系军阀吴佩孚一直在想辙让部下崇拜自己，一边动作夸张地做秀，一边做"精神讲话"，告诫部下，上下级就是君臣，人人都要讲究五常八德；他自己则坚持"五不主义"，其中"不借外债"和"不进租界"还真是做到了。那个掘了西太后并乾隆陵墓的小军阀孙殿英，不能做"精神讲话"，但人家搞起了一个教门——庙会道，自己就是道首，所带的几万官兵都是道徒，军队编制和教里的组织相互重叠；他身上还有一张经常会神灵附体的"口"，孙殿英发布命令，往往就是神谕，难怪人家的士兵掘坟的时候胆子那么大。

做事不那么赤裸裸的也有。他们利用宗教的仪式和精神来进行精神教育和控制，并不直接让部下官兵崇拜他们自己，但效果却更好。唐生智割据湘南的时候，碰上了一个顾和尚，不知怎么就迷上了藏传佛教。人家居然能把佛法讲成忠义和爱国，讲还不算，干脆领着法师一个营一个营地给全体官兵受戒，官兵受戒后，每人发给受戒证章一个，竟然让他练成一支佛军。相比起来，冯玉祥似乎比唐生智洋气一点，人家看上的是基督教。当然，解释出来的基督教教义倒也差不太多，也是爱国、爱群和忠义。冯玉祥的军队，全军领洗（有外国记者说他是用水龙头洗的，其实不确），每营配有随营牧师，开办基督学校，按时讲道做弥撒。自然，人们都叫他"基督将军"。

动静更大，不仅在军队上做文章，而且把文章做到自己割据地方的老百姓头上的，也有几位。比如山西的阎锡山，这个日本士官学校的毕业生，把日本军国主义的社会组织搬到了山西农村，将山西农村重新编村，整个组织起来，一套是村、闾、邻的行政网络，一套是各种社会组织像"息讼会""监察会"等等。村闾长都是省里登记在案的官员，由政府发给补贴，对所辖村民握有生杀予夺之权，阎锡山管他们叫"村干部"（这大概是"干部"这个日本词的首次引进。对于从前政权不下乡的农村来说，这个变化实在是太大了，用当时山西老百姓的话说，就是"灭门的知县安到老百姓的炕头上来了"）。村干部和社会组织首领，将所有管理工作分解成一个个项目，定期检查，每个农民都要接受检查。有思想或行为不端者，马上进行思想教育，教育不好，则送到县上的"莠民工厂"去劳动改造。武力监督执行这些措施的，则是由现役军人派回农村组织的保卫团。凡农村的成年男子，都要加入保卫团，保卫团既是正规军的预备队，同时也是农村的警察，村干部要动武的时候，靠的就是保卫团。

广西的李宗仁和白崇禧也有类似的表现，只是他们吸取了在山东邹平搞乡村建设的梁漱溟的某些做法，农村组织实行政、学、军三位一体化：县、乡、村三级，既是三级行政组织，也是三级国民学校体制，又是三级民团。每级的行政首脑，也兼任民团的团长和国民学校的校长，在改革的同时，实现干部年轻化、知识化。

现在我们该知道了，在"五四"以后的二三十年代，军阀们还真是做了不少事情，而这些事情对后来的政治以及政治文化一样具有影响。宗教式的团体凝聚和控制，后来有过；农村的行政化和社会化组织控制，后来有过，甚至连"村干部"这个词，到现在还在使用。

思想家和知识界创造着历史，而军阀、土匪、马贼、帮会龙头、兵痞，以及各色乡村能人，也在创造历史。在一个处于动荡的前现代国家里，后者的能量从来就不比前者小，影响更不比前者小,恰是因为动荡和变化,使得这些人格外活跃。可惜的是,我们的历史学家却很少注意过这一点。中国政治的资源,其来源其实不尽是西方的、日本二道倒的、俄国二道倒的,还有本土的;本土的也不尽来源于典籍和先贤,还有不少其实真有点下三滥。

北京兵变与袁世凯

1912年2月的一个晚上,商家云集的北京城东安门一带,突然枪声大作,人声喧嚷,向来还算安分的北洋大兵不知从哪儿一拥而出,一厢放枪,一厢乱抢东西。自打八国联军以来,北京人多时没见过这个阵势,一时哭爹喊娘,东躲西奔,像滚水浇在了蚂蚁窝上。刚刚从国外回来的齐如山(戏剧艺术家,后来以帮助梅兰芳戏剧改革而闻名)倒是不怕,身着西装,站在大街上看了一个晚上的热闹。大兵们不仅没有动他一根汗毛,而且还不断地向他"咨询"。一会儿,一群兵拿着抢来的寿衣问他是不是绸子;一会儿,一伙人捧了一堆化银子用的小碗,问他是什么玩意。一伙大兵拿来一堆纸条,当被告知不过是挽联时,连连大呼晦气;抢着了貂褂的大兵们,当被证实所获最值钱的时候,一齐欢天喜地,大叫没白来(见齐如山:《齐如山回忆录》)。近代史上著名的北洋军曹锟第三师的北京兵变,在一个看客眼里,就是这么一幅画面。显然,不像后来的军阀大兵,兵变和抢劫已经是家常便饭,毕竟是清朝花大笔银子、袁世凯下大力气按照普鲁士陆军模式训练出来的军队，第一次集体抢劫还真有点"棒槌"（外行），需要不时地求教于街头的"顾问"（齐如山语）。

兵变是袁世凯的杰作。在袁世凯如约逼清帝退位之后，南京的革命党人也如约把临时大总统让了出来。可屁股尚未离开总统椅子的孙中山还有点放心不下，不仅急火火地炮制了一个"临时约法"，而且还想出了一个定都南京的办法来约束这个世之枭雄。为了让生米变成熟饭，他派出了以蔡元培为首的使团前来迎请袁世凯南下就职。袁世凯当然不肯就范，离开自家的老巢到革命党的势力范围去，但又不想公开说不，于是他麾下的大兵就演出了这么一出戏。不过，虽然军人以服从为天职，北洋军更是以昔日的袁宫保、今天的袁大总统马首是瞻，但这种纵兵在大街上抢劫的事，还就是外号"曹三傻子"的曹锟才肯干（曹锟能从保定街头一个什么也不是的布贩子，混成堂堂师长，靠的就是这股绝对服从的傻劲）。从此以后，曹锟的第三师以堂堂嫡系国军之身长时间背上了恶名，直到他的后任吴佩孚接手之后，花了很大力气才得以洗刷，当然这已经是后话了。北京兵变抢了上千家的店铺，更把南方的使团吓得半死（使团住的地方，枪声尤其密），一个个仓皇从窗户跳出，在墙根底下蹲了半宿。兵变的政治效应立竿见影，老袁有了不走的借口：北方不稳。受了惊吓的南方使团也领教了北洋军的厉害，只好作罢。以孙中山为首的革命党人对袁世凯最后的一点约束，就这样被消解得干干净净。

不消说，袁世凯是中国近代历史上最大的人物之一，谁来写历史，都绕不过他去。不过，他也是近代历史上挨骂挨得最多的统治者。同为挨骂的主儿，西太后至少清朝的遗老遗少不会骂，蒋介石至少国民党人不会骂，只有他袁世凯，清朝的遗老遗少骂，孙中山和身后的国民党骂，康梁党人骂，共产党自然也骂，甚至连他遗下的军阀子孙想要表白自己的时候都骂。海峡两岸的"正史"对历史的表述常常是红白各异，只有到了老袁的鼻子那里是统一的，都是白的。虽然，近来对袁世凯的评价逐渐客观起来，说好话的人也有了。不过，在我看来，老袁的鼻子白，别人涂的成分居多，可跟他自己没把事情做好也不无关系，换言之，主要是因为他没有成功。没有成功不是他没有做成皇帝，而是他作为中国现代转型的中心人物，没有完成或者推进这个转型。虽然客观地说，从清末到民初，袁世凯为中国的制度转型做了不少事情，从军事改革到教育和行政改革，着力不少，史迹犹在，可是偏偏在转型的关键环节，却没有做好，身败名裂自家也难辞其咎。从某种程度上讲，刚刚提到的北京兵变里，就有他失败的因素，那就是，以不正当的方式，玩军人干政的游戏。

以马上得天下，在政治制度转换时期，本是常有的事情，中国如是，西方也如是。英国的克伦威尔、美国的华盛顿，都有武夫的面目，均以武力打出一块天地。袁世凯凭军人力量起家，以当时情势论，非如此也难以服人，多舞弄几下东洋刀，原也无可厚非；在清廷和革命党之间玩抢帽子游戏，让北洋诸将打打停停，一会儿通电誓死捍卫君主立宪，一会儿嚷着坚决拥护共和体制，已经是在借军人玩权术，但还可以勉强算是夺权之际的战术变通。可是到了大总统已经到手的时候，不想南下就位，不肯明言，却玩兵变的损招，说明袁世凯不仅不是当时国人所称许的中国第一华盛顿和世界第二华盛顿，连传统王朝的开国之君都不及，反而像是东汉末年和五代十国时期的军阀。

对于国家体制而言，军人从来都是双刃剑，成事亦可，败事更易，现代的民主国家如此，古代的帝制中国也如此。所以，人们往往采用各种制度性的防范机制，最大限度地遏制军事力量在政治体制上的作用，尽可能减少或者压制军人在政坛上的发言权。西方现代制度是文官治军、军人中立、军人不干政原则，而古代中国的制度安排，用西汉的一位高阳酒徒的话来说，就是以马上得天下，不能以马上治之，所谓提倡文治，以文制武，建构礼制框架。在礼制框架中，武人的地位往往被边缘化。几乎每个传统王朝的皇帝都知道，尽管政权没有武人不行，但对王朝最致命的威胁，恰也来自自己麾下的这些赳赳武夫。

就辛亥后的情势而言，袁世凯不想去南方就职，只要明地坚持不去，随便找点什么理由都无不可。革命党人实际上是拿他没办法的，否则也不会因区区一次兵变而全面让步。其实，如果革命党人真的有力量，就根本不会把总统让出去，现在大头已经让步，小的方面自然也就不好坚持了。可是，自以为聪明的袁世凯却偏偏选择了最下三滥的对策，唆使军队闹兵变，由此产生自己留在北京的借口。不仅让军人直接干预国政，而且采取了最不该采取的手段——兵变。要知道，无论什么时候，兵变都是历代统治者最大的忌讳，是对统治的最大威胁，在某种程度上，比农民造反更令皇帝焦心，不到万不得已，在上面的人不敢轻易走这一步。更为可怕的是，允许军人以兵变的方式干政，就意味着手段的起码行为规则的底线被突破，以后军人什么都可以干了（赵匡胤陈桥兵变，那是夺取政权的不得已，玩过之后，随即就是杯酒释兵权，在制度上将推他上台的武人限制得死死的，否则他就很可能像五代时期所有的君主一样，在下一次兵变中，被同一伙武人玩下去。袁世凯玩了兵变，却玩不了杯酒释兵权，所以没有古人的下场好）。

自曹锟北京兵变之后，袁世凯经历了短暂的凯歌行进的兴奋，北洋大兵不仅帮他扫荡了南方的革命党势力，逼得孙中山、黄兴等人再一次流亡海外，而且和警察流氓一起，包围国会，断水绝粮，逼得国会议员们把袁世凯选成正式大总统。可惜蜜月不旋踵就过去了，骄兵悍将们很快就找到了唐朝中后期的藩镇和五代军阀前辈的感觉，不听命令、侵夺行政权力成为家常便饭,连兵变也很快变得司空见惯了。从北京兵变以后,大兵们烧杀抢掠,技艺日益娴熟,不再需要"顾问"指点,如果齐如山这样西装革履的人还敢往前凑和,那么恐怕连衣服都会被剥了去。散在各处的督军和师长们,都成了据地自雄的土皇帝,袁世凯虽然贵为大总统,却谁也指使不动。各省上解中央的款项越来越少,军头们甚至连海关的解款都敢劫了自己花。到了这个时候,醒过味来的袁世凯一迭连声地唱起军人不干政的高调,并且策划废督,可惜已经晚了,对于做了督军的昔日俯首帖耳的部下,他哪一个都不敢动,也动不得。在怎么着都没辙的情况下,出主意的谋士和袁世凯自己一起怀念起昔日君主的威势,于是大家像演戏似的演出了洪宪帝制,各种帝制请愿团,从乞丐到妓女,像农民闹社火似的出现在北京街头。不知是袁的手下蒙了他,还是他自己情愿被蒙,总之袁世凯"顺应民意"做了皇帝,结果却是给各式各样的反袁势力一个合适的借口。蔡锷反袁的大旗一举,散在各地的北洋将领们,不仅不帮忙灭火,隔岸观火者有之,暗中助敌者有之,宣布独立者更广而有之,直害得袁世凯坐在家里天天听噩耗,直到害病归西。

袁世凯逼清廷退位的时候,很多人都骂他是曹操,遗老遗少不用说,据冯玉祥说,连北洋军中也有这种议论。当然,他们所说的曹操,主要是《三国演义》中的形象。不过,如果指好行诈术这一点,袁世凯的确有点曹操的味道,只不过曹操玩的是天子，而袁世凯玩的是军人。曾经担任袁世凯外交秘书的著名外交家顾维钧，在他的回忆录里记录过他和袁世凯的一段谈话。袁世凯问他，像中国这样的情况，实现共和意味着什么；顾回答说，共和的意思是公众的国家。袁世凯认为，中国的老百姓怎能明白这些道理，当中国女仆打扫屋子时，把垃圾倒在大街上，所关心的只是屋子的清洁，大街上脏不脏她不管；顾说这是因为人民缺乏教育，他们的本性是爱好自由的，只是不知道如何去获得自由，那就应该由政府来制定法律、制度来推动民主制度的发展。袁世凯表示，那可能需要几个世纪。因此，顾维钧认为，袁世凯虽然贵为总统，却并不知道什么叫作共和国，什么叫作民主政治（见顾维钧：《顾维钧回忆录》）。其实，袁世凯也算不上是一个合格的传统政治家，他不知道，无论何种政体，玩军人干政都跟玩火差不多，最后这把火不仅烧掉了袁家的洪宪皇帝，连袁大总统的椅子也烤焦了。

在西太后临死前，时人评价晚清人物，说袁世凯是有术无学，以后事观之，不可谓言之不预。

袁世凯的"选举"

"选举"这个词,在中国古代指的是科举考试选拔人才,到了近代,由于日本人的掺和,才变成了今天这种投票选领导人的意思。所以,当西方政治意义上的选举在中国落地的时候,大家一时间都不习惯,选举人怯怯的,被选举人慌慌的。1913年10月6日,中华民国第一届国会选举民国第一个正式总统,就是这个样子。

其时也,袁世凯已经打垮了国民党的武装反抗,势力达到顶峰,除了少数国民党精英之外,全国上下,无不视袁世凯为收拾残局,使中国导向安定的唯一强人。后来袁世凯称帝时的反袁英雄蔡锷、梁启超等人,此时都在为袁甘效犬马。国会中,虽然国民党议员近半数,但民初的国民党原本就是为了选举而拼凑起来的杂烩,真正对袁世凯有点想法的死硬分子,此时死的死,逃的逃,逮的逮,剩下的,基本上都是安分守己之辈,心里早就对袁世凯服软了。服软的标志是国会的程序改变,按西方的规矩,国会应该是先制宪(制定一部宪法),后选总统,断没有颠倒过来的道理。但袁世凯为了早点登上正式大总统的宝座,非要先选总统后制宪,国会居然答应了,为了选总统,先炮制出一个本应属于宪法一部分的"大总统选举法",投票通过。选举按照袁世凯的意愿进行,而且几乎等于是没有竞争对手,按道理,到了这个份上,袁世凯对总统的归属应该放心了,可是,不。

1913年10月6日这天早上,国会两院议员们的屁股刚刚在椅子上坐下,就发现国会外面来了黑压压一大群人,把国会大楼围得水泄不通。来的人号称"公民团",个个进退有据,号令严整,腰板笔直,分明是换了便装的军警。"公民团"的人数,据当事人说,有几千或上万。人虽多,但大家嚷出来的却是一样的话,那就是:如果今天之内议会不将国民期望的总统选出来,就别打算离开国会半步。就这样,在"公民团"的重重包围中,议员们开始投票选总统,第一轮,袁世凯没有达到法定的3/4多数,第二轮还是如此,不得已要投第三轮。这时候,天色已晚,议员们一天滴水未进,渴饿难挨,最后实在撑不住了,总算是把袁世凯选成了总统。当他们被放出来的时候,已经是晚上10点了。

事后研究表明,依袁世凯当时的实力和威望,如果不派"公民团"来霸王硬上弓,估计他老兄第一轮就当选了。"公民团"的强买强卖,反而激怒了部分议员,于是故意捣乱,才要投上三轮(在大家感到很不舒服的情况下,最后还是妥协了,可见没有什么人真的想和袁世凯过不去)。不过,就算袁世凯事先已经知道大家会选他,他还是会派"公民团"的,因为操控选举是每个独裁者或者有心要独裁者的习惯。不操控就不能安心,哪怕操控的手段笨得像蛮牛,哪怕留下千古骂名。

好在,袁世凯以后的统治者学得聪明了,这种牛不喝水强按头的把戏很少玩了。段祺瑞是从议员选举开始操控,选出来的议员大部分都在他的俱乐部里吃喝玩乐领补贴。曹锟则买选票,每票5000大洋。

买个总统当当

曹锟是北洋军阀将领中的憨包,投军前在保定府当闲人,人称"曹三傻子",发迹之后,没人当面叫他傻子了,但背后还是当他是傻子。不过,傻人从来有傻福,此公不仅在袁世凯麾下的时候一路官运亨通,升到师长之后,虽然自己百无一能,手下偏有一个能征善战的吴佩孚;两次军阀大战,居然连胜皖系的段祺瑞和奉系的张作霖,独自控制了北京政府。势大权大之后,人难免有非分之想,要当总统。曹三傻子闲人出身,偶尔出门贩点布,基本上是胸无点墨;投军后虽然被袁主公送到军校镀过几天金,但提起读书写字依旧头痛,据说平时动笔的话,只有一笔"虎"字写得还说得过去。以如此文化状况做总统,在他之前,中国还没有先例,漫说别人看了不像,就是他自己的部下,也大有不以为然的。

不过,傻人多有股痴劲,一旦迷上了什么,不弄到手就很难歇下。据说当年曹锟之所以投军,就是因为跟着花轿,盯着人家新娘子傻痴痴地看,惹恼了有势力的新郎家要办他,才一溜烟跑的。而眼下的曹大帅,迷总统比当年迷新娘子还甚,所以,这事还非办不可。可是,总统是要选的,袁世凯有本事派军警组织"公民团"包围国会,不把自己选出来就不让议员吃饭。段祺瑞可以包办一次国会选举,再由自己人组成的国会选出符合自己心意的总统。现在轮到曹锟,他既没有袁世凯硬干的魄力,也没有段祺瑞操纵选举的能力,于是只剩下一条路:买。

是啊,可以买东西、买人、买官,为什么就不可以买总统?手下闻风而动,分设几个联络处,明码标价收买选票,凡是前来开会的每人500大洋,开会并同意投曹锟票的每人5000大洋(个别重要人物价要高些),所付支票,上面加盖经办人的名章,银行见章付款。幸好此时的国会议员,都是民国元年选出的,中间几经周折,不仅任期早过,而且意志已衰,大多见钱眼开。所以,重赏之下,大多欣然前来投票,曹家付出了500多张支票,届时得了480票,超过总票数的3/4,得以当选(有几十人拿了钱溜了,有一个人还将支票拍照登报,硬是要出曹锟的丑),总统买到了。

民国以前,中国人不懂什么叫选举,有本事问鼎中原的人,也都是马上得天下。可是如今制度上共和了,皇帝没有了,大家不好意思让手下的武夫们将自家抬上宝座去,不得不指望国会来选。选可是选,但没有人能真正对选举放得下心,私下操纵是免不了的,操纵之外甚至还不放心,于是为求双保险用邪招。相比之下,曹锟的贿选,比袁世凯派军警将议员包围在国会不管饭还是要好一点。有人拿了钱不投票，曹大总统也没有把他们怎么样。当时曹锟的亲信王坦就说，花钱买总统当，比要钱得个贪污的名声臭一生强得多，也比那个拿着枪把子命令选举的人强得多。

其实，曹锟贿选，在当时是公开进行的，跟买珠宝首饰和萝卜白菜没有什么分别，也并没有在中国引起什么大的波动，只有上海这种风气较开的地方，才会有一些学生和知识分子有点激动。真正感到不满的是西方的媒体，正是他们的鼓噪，才使得中国的国会变成了"猪仔国会"，议员成了"猪仔议员"（"猪仔"一词，本无此特殊含义）。

军汉"韩青天"

古代,地方上没有专门司法官,地方长官的主要政务之一就是审案子。因此,传统戏剧演清官,少不了开堂审案:大堂之上,手持杀威棒的衙役站立两旁,一脸铁青,杀气腾腾;青天大老爷案头高坐,蟒袍玉带,威严赫赫;原告被告则跪在下面,委委琐琐,哆哆嗦嗦。清官如果出行,也是八抬大轿,王朝、马汉、张龙、赵虎之流前呼后拥,威风八面,而且免不了有人拦驾告状,青天大老爷走一路断(案)一路。

进入民国之后,中国的政治舞台上,大小角色,军汉居多。这些军汉们,多是不通文墨的粗人,占了某个地方,除了时不时地火并开战,平日政务最喜欢做的事情,居然是坐堂审案。有的人甚至抢来戏班里的戏装,把自己扮成清官的模样,蟒袍而皂靴地前去断案。

韩复榘的名声不好,因为抗战时不战而弃山东,而且还被艺人们编了段子说他不学无术,关公战秦琼。可是当年韩做山东王的时候,却有"韩青天"的名头。是真青天还是假青天不说,此公喜欢升堂断案可是不假。韩复榘主政山东前后将近七年，别的事情都可以不做，但只要他有工夫，山东的狱案他必定要亲自审理的，有时候还要巡行地方，一个县一个县地一路审过去。

韩复榘审案跟戏里的包公、狄公之类的人物差不多，只是王朝、马汉换了卫兵马弁，衙役改了手持大刀的执法队。被审的嫌疑人，一个一个地过堂，审问，上刑，打板子或者军棍。韩复榘审案，法律是根本沾不上的，全凭他自己的判断。虽说比《水浒传》中李逵断案好一点，但基本上也属于任性胡来。明白的时候，还有点常识；糊涂的时候，常识都没有了。如果赶上心情不好，就该着下面跪着的人晦气，无论情由，不死也是重刑。有一阵儿，韩复榘特别相信自己的相术，审讯"人犯"的时候，一句话不说，只盯着人看，看着看着，右手一挥，执法队就把这人拉出去枪毙；左手一挥，这人就无罪释放。当然，这种审案方式有时也会弄出一些戏剧性的效果来。比如，有次把前来送公文的人也当成"人犯"，一挥手给毙掉了，这是悲剧。有的时候抓来共产党人，如果审讯过程中，这人骨头特硬，坚贞不屈，任你怎么大刑伺候，死活就是不招，韩复榘钦佩这人骨头硬，是条汉子，结果很可能是无罪释放；相反，如果一上刑就熬不住招了，韩会特别鄙夷，往往将之拉出去毙了。这种情况，是喜剧。凡出现这种情况，都是国民党的特务机关最头痛的时候。

明白的人都说，古代所谓的清官，其实都是酷吏，所以司马迁在《史记》里，只列"酷吏传"，不设"清官"一项。不过，对于老百姓来说，由于酷吏杀的大多为官人，不管是否滥杀，大家还是喜欢，而且在不断的喜欢中，炮制出更加合乎自己需要的清官形象来，借这种虚幻的形象，一舒小民压抑的心境。做了军阀、统治一方的军汉们，其实个个都是戏里清官的"追星族"，不管他们实际的统治如何乱七八糟、横暴专制，有意无意都喜欢模仿清官，既模仿清官断案时的威风，也效法清官断案时的专断。也许，在他们心目中，他们这样做，就是在为民做主，主持公道，也没准潜意识里就是想做个清官，但是这种司法过程（如果还算是司法的话）的实际运作给社会带来的，往往是真正的灾难。

"臭棋篓子"段祺瑞

段祺瑞是北洋军阀中的大人物,仅次于袁世凯。当年袁世凯麾下有三员大将,人称北洋三杰:龙、虎、狗,分别是王士珍、段祺瑞和冯国璋。其中,数段祺瑞在历史上的风头最劲。

跟大多数军阀嗜财如命不同,段祺瑞不爱钱。为官多年,在清朝时就已经做到了一品大员,进入民国,当过陆军总长、内阁总理甚至中华民国的临时执政,可一点积蓄也没有。一大家子人,从来不置产业,下野之后住的房子都是别人送的。不过,无论是台上还是台下,他却从来没缺过钱花,需要的时候,一纸二寸半的条子,到金城、盐业银行,就可以取个几百上千的,既不需要存折,也无须担保。段祺瑞也不好色,几乎没有什么绯闻,偶尔吃吃花酒,多半是不得已的应酬。此公平生只有两好,一是玩政治,二是下围棋。

那个时代的高级官员,能下几手棋的人不少,但痴迷到段某人这般地步的却少。此公只要有点闲空,十有八九是在棋桌旁。上门来的客人,只要会下,就必然要陪他下几盘。

平时公馆里养几个清客，专门陪他下棋，每月从陆军部里支薪水。曾经扫荡日本棋坛的大师吴清源，据说当年就是段公馆里年纪最小的清客，吴清源东渡日本学棋，也有段祺瑞的支持。

不过，段祺瑞虽然嗜棋如命，水平却一般，说他是"臭棋篓子"也不过分，稍有点功底的人，就可以把他杀得大败。可是碍于他的地位，一般没有人敢这么干的，况且，上门来都是有求于他的，陪输两盘本是理所应当。然而，段某人棋虽然下得臭，但如果对方故意相让被他看出来，他是不干的。所以，既要让他赢，又要不露痕迹，非顶尖高手办不来，那些清客都有这个本事，每盘棋都下得看起来惊心动魄，难解难分，最后总是让段祺瑞赢上那么一目半目的。

段祺瑞是个相当自负的人，脾气倔强，其特殊的围棋生涯无疑使他的这种性格得到了强化，自以为天分不错，手段很高，至少在中国无人能出其右。古人认为围棋是参合天地、运筹帷幄的玩意，段祺瑞也是这样想的，所以，他下围棋，实际上跟他玩政治是相通的。自然，他对于自己的政治才能也相当自负。

段祺瑞是个武人，玩的政治都是军人政治，当总理、搞议会、做临时执政，都离不开枪杆子。可是尽管还喝过一年德国的洋墨水，他的军事才能却实在不敢恭维，戎马一生没打过像样的仗。辛亥革命以及二次革命，跟革命党人打，算是打赢了，没他什么事。讨伐张勋，五千辫子军他用了十多万兵马，胜之未免不武。接下来直皖大战，他麾下的皖系兵多枪好，光大炮就比直系多1/3，而且士兵发双饷，上阵有面包西瓜吃，但一个星期下来，稀里哗啦就败了。军事上不行，政治上就更没有什么可以说的东西了，当总理时跟总统闹府院之争，当执政（等于是总统）时却闹出了"三·一八惨案"，灰头土脸地退出了历史舞台，最后得靠上海青帮头子杜月笙养着。此公玩政治跟他下围棋的感觉一样，都是志大才疏而又自命不凡。也许，正是围棋上的常胜，害了他。

看起来，身居高位的人，可千万别把自己那点玩意上的胜利看得太重。

"三不知将军"和他的诗

1925年到1926年,是张宗昌最牛的年月。多年寄人篱下的他,终于占据了山东和河北、江苏的一部分,成为国内最有实力的军阀之一。张宗昌的得势,令北方数省的土匪流寇欢欣鼓舞,纷纷前去投靠,害得张宗昌的部队番号一会儿一变,越变越夸张,不长时间,十几路军就出来了,更加坐实了张宗昌不知手下有多少枪的传言。

在中国近代上千个大小军阀中,张宗昌要算名声最差的一位,文化程度最低,没上过一天学,人称"三不知将军":不知道自己有多少枪,不知道自己有多少钱,不知道自己有多少姨太太。所谓的"不知",实际上讲他这三样东西特别多。第一个"不知",前面讲过,投奔他的土匪流寇太多,全凭投靠者自己报数,报一千增加一个团,报一万增加一个师,部队总是在扩军,确实没法统计得清。第二个"不知"也是货真价实,张宗昌的统治,是天底下最不讲规矩的统治,各种捐税和摊派,几乎无日无之,搜刮之酷烈,无人能及,而且没有其他军阀或多或少都要顾及的乡土情谊,对自己的家乡也一样下黑手。过去相声界讽刺韩复榘的事情,实际上都是张宗昌的原型(作为河北人的韩复榘,对山东倒还有几分怜惜)。除了搜刮以外,张宗昌还有一大宗来钱的路,就是公开地走私、贩毒,其实这种事每个军阀都要沾,但都没有他张宗昌干得这样肆无忌惮。同样精于此道的小军阀孙殿英是个N姓家奴,跟谁都跟不长,就觉得跟张宗昌舒心。第三个"不知"自然也不是人家冤枉他,张宗昌的确不知道自己到底有多少个小老婆。张宗昌随身"携带"的小老婆就很多,据说是"八国联军",有好几个国家的。此公走到哪里都乐意将他的姨太太队伍带着,甚至出入外国使馆也不例外,一队马弁和一队姨太太,这是上过外国报纸的。除此以外,他老先生走到哪里都要逛窑子,看上哪个窑姐就带出去给他做老婆,租间房子塞进窑姐,外面挂上"张公馆"的牌子,再派上个卫兵,他张宗昌就算又多了一位姨太太。不过,几天以后,这个姨太太就被忘记了,卫兵开溜,姨太太再做冯妇,重操旧业。此地的闲汉再逛窑子,总会叫:走,跟张宗昌老婆睡觉去!这话传到张宗昌的耳朵里,他也就一笑置之。

张宗昌虽说浑,但能在那个竞争激烈的时代里崭露头角,却也不是没有他的过人之处。头一条,有点歪心计。张宗昌治军是一笔糊涂账,士兵既无训练,也无纪律可言,但他看准了那个年月中国军人都被洋人打怕了,看到高个子蓝眼睛的白人兵就打哆嗦。所以,趁俄国革命,东北充斥了流亡的白俄之际，他收编了一万多白俄兵，每仗都令这些白俄打前锋，其他军阀的士兵，碰上这些丧家的洋鬼子也照样脚软。所以张宗昌就总是赢，从东北一直打回自己的老家山东。其次是有点急智，当年在张作霖手下混事的时候，张作霖委托洋学堂出身的郭松龄整肃军队，郭早就想拿张宗昌开刀，一次视察张宗昌的部队，两下一碰，话说岔了，郭张口便骂，操娘声不绝于口。谁知张宗昌接口道：你操俺娘，你就是俺爹了！随即给郭松龄跪了下来，害得比张宗昌年轻好多岁的郭松龄红了脸，整肃也就不了了之了。显然，这种急智，还得配上过人的厚脸皮才行。

这样一位大字不识一个，粗鄙而且流氓到了家的军阀，如果有人告诉你，他作过诗，而且还出过诗集，你信吗？别忙着摇头，这是真的，谓予不信，先抄几首在下面：

其一　笑刘邦

听说项羽力拔山，吓得刘邦就要窜。

不是俺家小张良，奶奶早已回沛县。

（笔者注：奶奶应读作奶奶的，以骂娘的话入诗，真是狗肉将军本色。）

其二　俺也写个大风歌

大炮开兮轰他娘，威加海内兮回家乡。

数英雄兮张宗昌，安得巨鲸兮吞扶桑。

(笔者注：起句妙，足以流传后世。末句开始搜文，估计是经过了王状元的修改，"吞扶桑"实际上是一句当时流行的空话。)

其三　游泰山

远看泰山黑糊糊，上头细来下头粗。

如把泰山倒过来，下头细来上头粗。

(笔者注：此诗最合古人张打油风格，但有抄袭之嫌。)

其四　天上闪电

忽见天上一火链，好像玉皇要抽烟。

如果玉皇不抽烟，为何又是一火链。

(笔者注：只有烟鬼才有如此想象力。)

据有关人士考证，在1925年张宗昌统治山东期间，曾经花重金，请出清末状元王寿彭做山东教育厅长，并拜王为师，让这位状元公教他作诗，结果是出了一本诗集《效坤诗钞》(效坤为张宗昌的字)，分赠友好。这位状元据说本来不该是第一，只因殿试的时候正好赶上西太后的生日，主事的人为了拍老佛爷的马屁，故意将个叫寿彭(寿比彭祖)的人提到前面，好让老佛爷第一眼就看见吉利的字眼，龙心大悦。按说，虽然清末科举改试策论，但混到了状元，试帖诗总是作得的，不知怎么，这位王状元待到教学生的时候，居然一色的薛蟠体。其实，就是不做这番考证，看着这薛蟠体的"诗"，读者大概也能相信，我们的张效帅，的确作过诗的。

其实，张宗昌当时不仅作过诗，而且还印刷出版过《十三经》。据看过张版《十三经》的印刷业人士说，那是历史上印刷和装帧都最好的《十三经》。在大印《十三经》的同时，张宗昌还让王状元整顿山东的教育，在学校里提倡尊孔读经，规定学校里必须设经学课，说是要挽回道德人心。看来，我们的张效帅跟薛蟠确有不同，作诗不是和妓女戏子逗着玩，主要是为了偃武修文。

耀够了武的有权有力者，总是免不了要弄点文。从小的方面讲，是他们总以为自家应该能文，甚至作诗。隋炀帝不是说过，就是跟士大夫们比诗才，他也应该做皇帝的。从大的方面讲，修文是为了更好地统治，毕竟，在中国这个"诗之国"里，修文或者能文的统治者，总是可以获得更多的统治合法性。因为"文"在古意里，也包含道德，修文也意味着以德治国，退一万步说，至少让众多的文人士大夫心里感到踏实——哦，原来上头的跟我们有同好！明朝的永乐皇帝朱棣夺了侄子的鸟位，杀够了人（对建文的忠臣夷十族），于是有了《永乐大典》。扬州十日、嘉定三屠之后，清朝有了《古今图书集成》，有了《四库全书》。当然，到这个时候就用得着文人了，于是皇帝身边围了一群能文能诗的"上行走"，有权的大臣身边有能文能诗的清客，大家都围着一个中心诗酒唱和。传到我们的张宗昌了，身边来了一个状元公王寿彭，于是大家都不再稍逊风骚，不仅书编出来了，而且有诗传世。只是当年的乾隆皇帝留下了四万多首（写了可能有上十万），而张宗昌才薄薄的一小册，难怪康乾盛世总是那么让人看好，说也不够，写也不够，演也不够。

有权的人只要肯写，肯定会有人叫好，而且是轰然叫好，就像《红楼梦》里大观园刚建好，宝玉题诗的时候贾政的清客所做的那样，叫好必然搔到痒处。乾隆文思泉涌，逢事必诗的时候，自是喝彩声一片；当年张宗昌写出诗的时候，据说也反响异常，王寿彭就捻着胡子击节赞赏，还为之一一润色——估计是改错字。大家一叫好，能够始终保持清醒头脑也就难了，用不了多长时间，皇帝或者准皇帝都变了诗人，以为自己就是此中高手，再下去，天下的诗文好坏优劣，也都待皇帝的金口玉牙来评判了。于是，文网张开了，文字狱出来了。张宗昌虽然在写诗方面略逊于前朝的皇帝，但以言罪人的政绩，却不让古人专美于前，他和他昔日的主公张作霖，杀记者都有那么两下子。具有讽刺意味的是，这些武夫在忙于战事的时候，对那些乱嚼舌头的新派记者倒还能容忍，一旦开始吟诗作赋，偃武修文了，新派知识分子的脑袋也就有麻烦了。

清朝有人因写了"清风不识字，何故乱翻书？"之句，丢了脑袋，那是冤枉的。我想，如果不是冤枉的，用来写成匾，挂在康熙、乾隆老儿以及张宗昌的书房里，那该多好！

孙殿英和他的"麻将相术"

在近代的中国军阀中,孙殿英是个小角色,手下最多的时候,也不过两三万人枪,不过,他的名气却和实力不成比例,大得很。那多半是因为此公指挥军队掘了清东陵,把西太后从棺材里拉了出来,将随葬的财宝洗劫一空。孙殿英此举,除了将溥仪赶出宫的冯玉祥别有用心地说他是革命行为之外,招来骂声一片。以"国军"军长身份去盗墓,无论怎么说都忒不像话。

其实,此公本来就是个流氓,当年在豫西起家的时候,就盗墓打劫、贩毒走私、包娼包赌都干过,跟各路毒贩子和流氓都有交情。在他的军阀生涯中,有奶便是娘,谁的旗号都打过,但据他自己说,还是跟张宗昌的时候最惬意,估计是臭味相投,俩流氓碰到一块了。从1922年起家,到1947年栽在共产党的手里,孙殿英足足混了25年,其军阀寿命超过了大多数他跟过的人。其秘诀,用他的话来说,就在于他有一套过人的"麻将相术"(不是麻衣相术)。

孙殿英大字不识一个,但赌技非凡,凡是赌的招数,他都会，于麻将最有心得。掷骰子可以随心所欲，想要几点是几点，从不失手；麻将往桌上一摆，都用不着用手摸，马上知道各家都有什么牌。下回香港再拍什么赌王的电影或者电视剧，实在应该以此公为蓝本才是。孙殿英的办公桌上，没有文房四宝，也没有手枪匕首，一年到头，总是摆着各种各样的麻将牌，从竹木的到象牙的都有。此公抽足了大烟，有事没事就拿手摩挲着消遣，就像老葛朗台摸钱似的。一般人赌技高是为了赢钱，但是孙殿英不是，人家自有别的来钱的道。他玩麻将，就是为了交际和相人。

用他的话来说，人在麻将桌上是最能看出秉性爱好来的。一圈麻将打下来，人是什么德行，爱好什么，吃哪口儿，弱点是什么，全都一目了然。反正不论是敌是友、上司下属、三教九流，孙殿英跟他们的交往过程都离不了麻将。饭后烟余，几圈下来，对方还蒙在鼓里，孙殿英可已是知己知彼了。这样一来，后面的事情就好办了，只要用得着，人家好什么给什么就是，反正余下来的招数肯定招招冲着痒处下家伙，不着道的少。所以，无论是北洋时期的河南督军赵倜，还是狗肉将军张宗昌，以及冯玉祥、阎锡山、张学良，甚至蒋介石和日本人，任凭他坏事做尽，还都能让他平平安安地坐在他的位置上。应该说，孙殿英的相术是灵验的，用不着去验证史料，只要我们费点心观察一下牌桌上各色人等的表现，也就一目了然了。平常的时候，人人都有假面，可一坐到牌桌前，就不由自主地原形毕露，动作加手势将内心暴露得干干净净，连流口水挖鼻孔这种不雅的小动作都不会去掩饰。

孙殿英玩麻将，不仅有相术，而且还有哲学，在他看来，政治跟赌博是一样的，无非就是把钱收进来，再把钱散出去。收得多，散得开，是玩大政治的；收得少，散得不开，就只好玩点小的。有没有道理呢？读者诸公自己琢磨吧。

"马桶将军"的用人术

王怀庆是北洋军中老资格的将军,像曹锟、吴佩孚等人还在家乡吃老米的时候,他已经是北洋军的协统(旅长)了。虽然此公长期以来位不过师长,但由于多年担任北京卫戍部队的首长,民国风云,什么事都赶上过,所以在民国史上还算有点知名度。北洋诸将很多都有外号,有好听点的,像吴佩孚叫"秀才将军",冯玉祥叫"基督将军",也有难听的,比如唐生智叫"和尚将军",孙殿英叫"盗墓将军",曹锳叫"茶壶将军"(茶壶即妓院之杂役),王怀庆就属于有不雅的外号的一位,人称"马桶将军"。

"马桶将军"跟马桶的确亲近,无论在什么地方,没有枪可以,没有马桶不行,一具漆红烫金上面写着斗大的"王"字的马桶总是不离左右。办公桌后面放的不是椅子,而是马桶,办公就在马桶上公干。行军打仗,得有一个班左右的人马抬着马桶随行。只要看到那只硕大而且鲜艳的马桶,人们就知道这是谁的队伍了。攻山头的时候,他的士兵打着上书"王"字的大旗往上冲,他坐在"王"字的马桶上督战,风景好得紧。

王怀庆喜爱马桶，是因为有便秘的毛病呢还是嗜臭如兰，我们不得而知，但是有一点是可以肯定的，此公在他的部下和北洋圈子里，并不像他心爱的马桶那样臭。王怀庆从1905年当协统（旅长）开始，到1924年随着直系军阀的倒台而下野（属于跟错了人，非统驭无方也），在北洋高层混了近20年，大旗不倒，比起他那些三五年就树倒猢狲散的同行来，简直可以被称为"长寿将军"了。这一点，说实在的，跟他的用人不无关系。

王怀庆的用人之术，说起来其实也简单，就是非老实人不用，挑兵不要市井之辈，越是山乡的农民越受欢迎，要脚上有屎，手上有茧。这一点似乎跟曾国藩练湘军有点相似，其实不然，当年曾国藩虽然重乡农，是用书生带乡农，而人家"马桶将军"，却根本不要书生。进入民国之后，军官学校的毕业生一天天多了起来，其中不乏喝过洋墨水的，但王怀庆一个也不收，说是不好管也不好用，他提拔的人，无论张三李四，都是穿了军装的乡农。不管多么脓包，只要满足一个条件就行，就是所有的军官都得无条件地忍受他的打骂。王怀庆每当要提拔某个人的时候，往往会无缘无故地当众将此人痛骂折辱甚至给一通拳脚，如果此人逆来顺受，唾面自干，那么第二天委任状就到了。时间一长，这个套路部下都摸熟了，只要谁哪天无故挨了打骂，同僚就会赶紧让他请客，因为接下来人家就升了。

在北洋军阀时期倒戈、背叛随处可见的情形下,王大将军的部队确实像他心爱的马桶一样,固若金汤,不仅没有倒戈的,连捣乱的都没有。只不过,这种军队是不能打仗的,充其量只配在北京城里给达官贵人看家护院,连看家护院也没有看好,因为当时的北京治安也不怎么样。

稳定和效率是一对矛盾,如果过于追求稳定,自己所在的系统很可能就会变成一只大而无当的马桶,里面还断不了有味儿。

借佛法斗架的武夫

20世纪二三十年代,是个佛法重光的年月。在此之前,随着举国上下向西方学习,佛教大有倒运之势。西学东渐的副产品之一,就是佛教的式微。虽然佛教当年也从西边来的,但在新的形势面前,已经变成东方的迷信,不仅西方的洋人看不上,就是中国的士绅也多拿它当祸国害民的累赘,辟佛的理学传统,在西学的接济下格外强劲。打戊戌维新开头,新政变本加厉,无论是官方还是民间,只要是办学堂、开工厂,首先要拿佛寺开刀,全国上下,佛教庙产被侵夺者不知凡几,被迫还俗的和尚尼姑更是不知凡几。达官贵人,即使有心对佛慈悲,也是偷偷摸摸,一般不敢公开说话。

不想十几二十年过去,事情突然转了过来。世上有钱有势的人们,尤其是那些赳赳武夫们,不知怎么一来,对佛教又感兴趣了。和尚和居士,升为贵人的座上客,喇嘛与活佛,翻作武夫的帐中宾。大小法会东南西北一个劲地开,有求升官的,也有求发财的,更有求保命的。显然是军阀混战,命运多舛,大家不得不临时抱佛脚,管不管用暂且不说,至少能让自家的心里少点不安。

不过，只要佛法重光，就不可能仅仅充当武夫和贵人们的心理安慰剂，总是要将光芒溢出来点，照到本来不该到的地方。湖南这个近代出兵出将最多，仗也打得没完没了的地方，武夫们争钱、争地、争女人、争烟土，在用枪、用炮、用光洋、用烟土打仗都分不出胜负的时候，忽发奇想，比斗起佛法来了。

事情是这样的，20世纪20年代初，湖南的督军是赵恒惕。但是湖南这个南北冲突的四战之地，一向派系纷纭，大大小小十几个军阀，谁都没太把督军放在眼里，对赵恒惕构成最大威胁的是出身保定军校的唐生智。自从直系吴佩孚部撤出湘南，北上和皖系争天下去了之后，唐生智就占据着湘南小半壁江山，招兵买马，大力扩充实力，隐隐然有问鼎长沙之意。赵恒惕看在眼里，心里着急，但又没有胆子撤了唐的职务或者干脆派兵去打，最后花重金从康边请来了白喇嘛，在长沙开大光明法会，一方面打着为全湘祈福的名义收买人心，一方面借此拉拢湘中其他佞佛的军人，给唐生智好看。当然，如果佛真的发了慈悲，让唐生智从此倒霉，那自是再好不过了。

主公在长沙开法会，唐生智当然不会不明白其中的深意。不过，唐毕竟占的是相对贫瘠而且久经战乱的湘南，迅猛的扩军已经耗尽了财力，花不起钱请一个更大的喇嘛或者活佛来跟赵恒惕对抗。但是法毕竟还是要斗的,不斗的话,也许他的部队明天就会士气瓦解,为众多参加大光明法会的群狼所吞噬。这时候,他的好朋友,湘中著名的佛教密宗居士顾伯叙顶上用了。他们的主意是,干脆令他的部队全体受戒,变成一支佛军,在深度上下功夫。为此,唐生智和顾伯叙两个,不辞辛苦地一个营一个营地走,所到之处大治佛堂,官兵一律身披袈裟,合十顶礼,由顾伯叙摩顶受传戒,受戒仪式完了,每人发给"受戒证章"一枚,一面书"佛"字,一面书所受的五戒,同时,由唐生智演讲佛法真义,说三身佛的含义是,清净为法身,慈悲为报身,忠义为应身。不用说,忠义是最关键的"佛性"。

还别说,虽然受戒之后,这群武夫该杀人还杀人,但凝聚力还硬是强了不少,在日后的竞争中,还真的就是唐生智占了上风。

不知道释迦牟尼在西边的极乐世界里,会作何想。

各大马路巡阅使

中国从来就不缺乏捞钱的官,但是纯粹为了捞钱而做官的人,其实也不多。因为多数的官大小还算是个读书人,即使谈不上修齐治平,也多少得讲究一点面子。中国最后一个王朝的末年,这种人不知怎么猛然多了起来,先是蜂拥而至的捐班,然后是大大小小的武人。辛亥革命,满清的大王朝变成龟缩在紫禁城内的小王朝,武人变成最有权势的猛人,我们称之为北洋军阀。

我曾经说过,跟梁山好汉一样,北洋军阀大多数都有外号,有一个人的外号很特别,叫作"各大马路巡阅使",此人名曰王占元。

王占元是袁世凯小站练兵时的老班底,但却既不骁勇也不善战,只因为老实听话而一步步升上去。自打袁世凯将黎元洪从湖北的地盘上骗走,到北京做光杆副总统之后,王占元就一直占着湖北,由护军使而督军而两湖巡阅使(辖湖南、湖北,但实际上管不了湖南)。此公手握重兵,占据要冲,而且还有一个全国最大的兵工厂(汉阳兵工厂),却在全国的政局变幻中无所作为。不打算问鼎北京也就罢了,连个地区霸主也不想做,一门心思稳坐武汉三镇刮地皮。那个时候武汉在全国的商业地位与现在不同,不仅九省通衢,而且商路北抵俄罗斯,南通广州,坐着就能发财。

王占元虽得地利,捞钱却捞得不高明。一般来讲,那年月做军官不喝兵血的少,但有了地盘变成军阀之后,往往会对兵客气得多。因为在军阀混战、竞争加剧的环境中,兵是他们赖以占地盘刮地皮的根本,是命根子。所以,宁亏老百姓,不亏一个兵,差不多是军阀们的信条。某些特别有野心的人物,比如吴佩孚和冯玉祥,甚至宁可让自己和家人过着比较清贫的生活,也要尽可能地多养兵,养好兵。可人家王占元不,不仅老百姓和商家的钱要刮,而且兵血也照喝不误,害得手下的士兵总是闹兵变。在20世纪20年代,全国数湖北兵变闹得最厉害,连外国人都看不过去,老是提抗议。

王占元如此做派,未免影响到他的实力。1921年,他的近邻也是他名义上管辖的地段上的湖南人,开始打他的主意,一连串凌厉的攻势打得他招架不住,不得已只好向刚刚打败皖系军阀、风头正劲的吴佩孚求救,结果是为了拒狼,接来了狼外婆,没奈何,只好夹起皮包走路。

还好,王大巡阅使事先已经将大部分刮来的民脂民膏和兵血,都转移到了天津外国租界,虽然变成了光杆司令,但钱还真不少。此公下野之后,随即置办产业,一时间,天津租界各大马路上，遍布王家的店铺和房产。王占元从此不问政事，专心经营，天天挂着一长串钥匙，巡行在各大马路之间，因此人送外号：各大马路巡阅使。

清末民初，是个传统意识形态坠落，而新的意识形态又没有能建立的年月。原来的道德追求随着王朝和天下的覆灭而七零八落，新的价值观又没有在民族国家的痛苦建设中确立起来，国家状况似乎又很是不好，所以，不择手段地弄钱，成为许多政界人物唯一的选择，也是他们心理最后的依靠。为了能够尽快尽可能多地弄到钱，他们可以向进城挑粪的农民要捐，可以把田赋预征到2010年，甚至不惜自挖墙角，把手伸到自己麾下的士兵口袋里。有了钱，就赶紧存到租界的外国银行，即使这些银行不给利息，反而要收保管费也在所不惜。他们看不到中国的前途，也不想做点什么来为自己的祖国争取一个好一点的未来，所作所为，只是在准备后事：一旦国家崩盘，就逃到租界或者外国。

神仙治军

说到民国时的四川军阀,不能不提到刘湘这个人。刘湘其人据说很木讷,土得掉渣,不仅没有开过洋荤,比如像他的同房小幺叔刘文辉那样出身日本士官学校,而且连个四川的速成军官学堂几乎都念不下来,还是靠了老师的格外开恩,才得以毕业,挎上了东洋刀。川人从来勇于内斗,四川军阀自蔡锷讨袁始,就打个没完。虽然开始打的时候像演川戏,开仗之时总免不了有大批好事的市民扶老携幼前来观战,但打到后来,也是刀刀见血,枪枪死人。不过命运好像特别垂青刘湘这个笨人,四川的所有"牛人",有些甚至够得上国家级的牛人,竟统统败在了他的手下:熊克武、刘存厚、杨森、邓锡侯,甚至连他吃过日本生鱼片的小幺叔,也在一场大战之后,退到了西康。可以说,自袁世凯以来,在成都这个地方做土皇帝的人不少,但屁股坐得最稳的,还是刘湘。

说到刘湘的成功,有一个人不能不说,此人姓刘,名从云,川人称为刘神仙。他的出名因两样东西,一是创立了一个名叫孔孟道的教门(可能是一贯道的一个变种),道徒甚众;

二是扶乩请神据说格外灵验。民国是个各种黑社会组织公开化的时代，各种秘密宗教纷纷登台，敢创教的人，多少得有点"法术"，不是打卦扶乩，就是气功治病。刘从云恰恰在两方面都有点名气，所以，自1925年开门，道徒就挤破门，刘湘也是在这一时期入的教。

当时，刘湘已经是四川王了，投到刘神仙门下，完全是因为神仙扶乩打卦准。自打入教以后，刘从云事实上成了刘湘的军师，所有的军政要事，都要经神仙通过乩盘来决定。也不知是神仙真的有神术，还是他阅历丰富，见机得准，或者是他门徒众多，耳目广，信息特灵，反正刘从云的乩语很是灵验，至少在刘湘那里比较灵，说这个事能成，八九不离，说这事不成，就是大费周章。特别是刘从云还成功地预测过一次以杨森为首的若干川军将领对刘湘的挑战，使得刘湘占得先机，大获全胜。

不过，即使是神仙，在得意之余，也难免有忘形的时候。很快，在以刘湘为首的四川军政要员的追捧下，刘神仙不再安于在神仙府里研究"预测学"，要直接插手军政事务了。先是编练了一支"神军"，一个师的建制，全由他的道徒组成，枪炮固然也要，但人家的特技是练刀枪不入的法术，跟义和团似的，惹得外面都传说刘湘有陆海空神四军。在围攻川陕红军的时候，刘湘对刘从云的迷信达到了极点，居然让他当了军事委员会的委员长，统一指挥六路围剿大军作战。当刘神仙身穿道袍，手执拂尘，将乩盘并扶乩的童子搬进指挥部之后，不仅让各级将领向他叩头，害得向来不信教的杨森老大委屈，而且总是拿乩语当军令，出发要良辰，开仗要吉日，行军路线都要按照他指定的"行军大吉"的方向。当然，军事地图他是看不懂的，所以有时部队居然走到了悬崖绝路上。显然，这样的总指挥是不可能不打败仗的。六路围攻一败涂地，刘神仙也只好夹起乩盘走人。

但愿那些求神仙的人和神仙本人，能记住当年刘神仙的故事。

昔日南天王

眼下是出高人的时候。几年前就老是听说哪个哪个地方官,找高人卜卦,经高人指点,修了条本来可修可不修的路,盖了座可盖可不盖的楼,甚至改了本来不该改的大门,结果官运亨通。开始还有点不信,架不住总是类似的消息传来,有的还见了报,最后,发现连自己认识的一些官员,也搅在找高人、占卜、改动外部环境以求升官发财的三部曲里,不由你不信。

人有没有命运?人的命运能不能靠当事人弄点小花招就变得面目皆非?说不好。不过,这"高人指点"的事倒是让我想起,在不太远的过去曾经发生过的一个故事。20世纪30年代,统治广东的南天王陈济棠心高志广,对屈居蒋介石国民党中央政府的名下,一直心有不甘。这时候高人出现了,告诉陈济棠,如果把你家祖坟迁个好地方,肯定不会屈居人下。见陈动了心,高人进一步支招,说是洪秀全家的祖坟风水特好。于是,南天王一声令下,洪家的祖坟动迁,陈家祖宗的枯骨由此鹊巢鸠占。迁了祖坟之后,效果如何,史无记载，但至少陈济棠没有升官是可以肯定的。

时间到了1936年，受到广西李宗仁、白崇禧怂恿，以及祖坟搬家双重鼓舞的陈济棠，在准备公开反蒋，但又举棋不定的时候，又想起了高人。于是请高人扶乩，请神说话，忙活半天，得乩语四个字：机不可失。于是乎南天王心雄胆壮，打出反蒋大旗，兴兵北伐。可是兵尚未动，陈济棠赖以自豪的广东空军，一股脑儿反出南天，飞到了南京；接下来，他名下的陆军也相继离散，南天王变成孤家寡人，只好夹起细软走人，躲到了香港。到了这个时候，陈济棠才悟到，原来"机不可失"的意思是：飞机不可失。既然如此，那高人为什么不早说呢？再找高人，高人已杳如黄鹤。其实就是找到高人也没有用，人家会说，天机不可预泄。

又过了几年，太平洋战争爆发，日军进攻香港，在重庆的国民政府派飞机来香港接知名人士，名单中就有陈济棠。大概是老蒋担心陈跟日本人搞在一起，对他不利，可是同在香港的孔二小姐偏不领会姨夫的心机，硬是把上了飞机的昔日南天王扯了下来——因为飞机要运她的狗，德国黑贝。唉，如果当初不听高人指点，南天王何至于命不如狗。

古人云，国之将兴听于民，国之将亡听于神。其实，一个家族，一个团体，都是如此。——不，古人的话需要修正一下，实际上不是听于神，是听于"高人"。

晚近人物脸谱

别个世界里的第一夫人

宋美龄走了,享年106岁。在世界二战期间的风云人物中,她离开这个世界的时间,整整比别人迟了二三十年。俗话说,盖棺定论,然而对于宋美龄来说,在她没有告别这个世界之前,历史对于她的"论"其实早就已经定了。正如她自称"蒋宋美龄"一样,她的功过事实上是跟她的夫君蒋介石联系在一起的。中国国家领导人给宋美龄的唁电中所强调的,坚持抗战和坚持一个中国的两点,用来赞扬蒋介石其实亦无不可。

作为当年中国的第一夫人,宋美龄曾经有过无限的风光,美国人称之为"亚洲第一夫人",她委实当之无愧。当年,她发动"夫人外交"攻势,以她摄人心魄的风姿和演讲,迷倒了不知多少美国人,为处于艰难抗战中的中国争取到了宝贵的援助。来华参战的美国军人,凡是见过第一夫人的,无不为之倾倒。在华的美国军人,无论是陈纳德(Claire Lee Chennault)天上的飞虎队,还是史迪威(Joseph Stilwell)印缅战场上的陆军别动队,均堪称全美国二战中最勇敢、战绩最显赫的军人，由于欧美特有的崇拜夫人的传统，所以这种勇敢和战绩从某种程度上来说，跟宋美龄不无关系。不仅如此，在西安事变中，宋美龄力压国民党高层力主讨伐的呼声，亲自犯险进入西安，对推动西安事变的和平解决起了积极作用。其勇气和见识，绝非一个普通的贵妇人所能望其项背。在中国抗战独立支撑的年月，在国际法西斯阵营扩张势头猖獗、国民政府内部高层分裂的年月，在推动国民政府坚持抗战，并且最后站对队方面，应该说宋美龄和宋家的兄弟姐妹起了非常积极的作用。

凡是见识过宋美龄的人，都对她的能干留下深刻的印象。尽管是中国第一夫人，但宋美龄从来就没有想到专门做夫人，她是要做事的。刚与蒋介石结婚不久，闹着要做事，蒋让她去管北伐军的遗族学校。她没有嫌这个事情小，把个小小遗族学校管得井井有条。美国人来参观，说它是"东方第一新兴学校"。此后，无论是参与政务，还是参与妇女界活动，都有声有色。蒋介石发起的"新生活运动"，由于有了她和一干新派人物的掺和，才避免了沦为一场霉味过重的复古运动的命运。

然而，有魅力而且能干的第一夫人，就像她的这个头衔一样，其实并不属于她身处的这个世界。对于当时的中国人来说，宋美龄等于是"皇后"，她的行为方式应该是这样的：或者像唐朝的长孙皇后那样，躲在丈夫的身后，过着与世无争的日子；或者像武则天一样，凭借丈夫的权力飞扬跋扈。无论采用什么样的生活方式，至少要聚敛一些财富，争取生个儿子，或者抱养一个。然而，这一切距离宋美龄是太远了，宋美龄出身中国最早的基督教家庭，从小就在美国生活和受教育，读的是威斯里女子学院这种很贵族化的学校，饱浸了美国中产阶级的生活方式。她的优雅、她的活力甚至她的能干，更像是美国式的，不怎么"中国"。她的英语无论说和写，都比她的中文好，甚至连她的思维方式都是英语的。尽管贵为第一夫人，但她的交往圈却还是欧美化的中国人，连打电话都用英语，给接线员留下了深刻的印象。说英语的人看她，和她看人家，都显得那么顺眼、和谐。抗战前和抗战期间，作为中国最高统帅的夫人，她自己或者陪同蒋介石，从慰问伤兵到视察前线，没少在军队里转。几乎个个精通英语的空军，对第一夫人的感情之深，都恨不得为她去死；然而在陆军里，我们却找不到这样的人。一位美国的传记作家写道：在宋美龄和蒋介石结婚以后，"美丽的新娘子伴随着总司令转战各地。车站、农宅、临时屋都曾是他们的落脚处，不过有件特别的事情，那就是不论到了多么恶劣、简陋的地方，委员长夫人对她所素持的干净标准丝毫也不肯打一点折扣。每到一个地方，她的第一件事一定是抹地擦窗，务必直到看起来纤尘不染后才肯罢手。当然，漂亮的窗帘和芬芳的鲜花是绝对不可免的"。显然，对于当时中国的老百姓来说，第一夫人典雅、高贵、整洁、魅力四射，但绝对谈不上亲切、可近。

熟悉中国现代史的人都知道，尽管政见不同，宋美龄和宋庆龄之间，感情一直是非常好的。不论宋庆龄多么令蒋介石头痛，双方如何仇视，宋美龄却一直竭力维持着她和宋庆龄之间正常而且算得上亲密的姐妹关系。无论宋庆龄与蒋介石关系恶化到了什么地步，宋美龄都绝不允许蒋介石的特务碰她姐姐一根毫毛。为此，她不仅三番几次正色告知蒋介石，而且亲自出面警告戴笠。直到中华人民共和国成立前夕，宋美龄给宋庆龄的信，依旧款款情深："最近，我们都经常想起你，考虑到目前的局势，我们知道你在中国的生活一定很艰苦，希望你能平安、顺利。"这不是说宋美龄没有立场，亲情高于一切，而是一种中国人难以理解的美国作派的体现——政治和家庭分开，意识形态的歧见跟家庭亲情是两回事，绝不往一块掺和。

在解放战争快要胜利的时候，宋美龄用牛奶洗澡的传说，在解放区到处流传，以至于到了我能懂事的时候，大人们还这样说。这个传说虽然表面上是对宋美龄的一种丑化或者诋毁，但也反映了两种截然不同的生活方式的隔膜和对立。

宋美龄和蒋介石的结合，固然还算是琴瑟和谐，但事实上也有不尽如人意之处。在宋美龄的朋友圈子里，无论是欧美的友人，还是国内的"欧美同学会"，对传统理学味道十足的蒋介石并不欣赏,甚至还说三道四。蒋介石的国民党政权对这些人自然也是若即若离。我们不知道,到了台湾之后,这些自由知识分子在遭到国民党整肃的时候,宋美龄会是个什么心情?然而,事实上不管她的心情如何,已经深入她骨髓的美国老式的中产阶级生活作派,都只能让她继续扮演夫唱妇随的角色,绝不可能允许夫妻关系的任何裂痕暴露出来。

1927年她和蒋介石的结合,使颇有理学气味的蒋介石入了基督教,但是多年来,她并没有将蒋介石变成一个真正的基督徒。虽然到了台湾之后,蒋对基督教感情日深,但更多地只是求助基督的庇佑。可以说,到死,蒋介石依然是一个传统的中国人,一个中国的专制强人。在蒋介石的棺材里,宋美龄放入了四本书,一本孙中山的《三民主义》、一本《圣经》、一本《荒漠甘泉》(*Streams in the Desert*)、一本唐诗,西方基督教的书占了一半。也许,这样的陪葬品,只是代表了宋美龄的一种愿望。

事实上,宋美龄虽然身在中国的土地上,却一直是在另一个世界里——一个典雅、美国老式中产阶级的世界。尽管我们把她列为"四大家族"的一分子,然而报上说,她死后的遗产只有12万美金,她唯一的房产在上海。可以说直到死,她都维持了一个老式的美国中产阶级的财产水平。

总理县长唐绍仪

总理是指国家内阁总理,县长是指广东省中山县的县长。在这个世界上,有这么一个人,先做总理,后当县长,两个职位之中,官小的比官大的干得更有兴致,此公就是唐绍仪。

唐绍仪本是农家子,按道理很难出头,可是人家命好,赶上了曾国藩派容闳组织幼童公派留学美国。大江南北,士绅人家子弟打死也不肯去,最后不得不便宜了风气已开的广东人,唐绍仪就是其中之一,另一个大大有名的人物叫詹天佑。

幼童留学事业后来因国内顽固派的反对而提前中断,回国的唐绍仪好一段时间都郁郁不得志,有幸的是,很快他就跟袁世凯结识,从此成为袁的智囊之一。晚清最后十几年,唐这种有着几乎是最早的留洋经历的人物特别吃香,又加上袁世凯的援引,唐逐渐窜升为方面大员,成为晚清的重要人物。

辛亥革命起,随着袁世凯的复出,唐绍仪被委以重任,担任南北谈判代表;谈判成功,袁世凯继任临时大总统,唐绍仪出任民国的第一任内阁总理。我们知道,当初孙中山当大总统的时候,采用的是美国的总统制,不设总理,由总统直接统辖内阁。在交权前夕，为了限制袁世凯，临时起意把政府改成内阁制。显然，老谋深算的袁世凯不可能入其彀中。这样一来，唐绍仪这个内阁总理注定是要不讨好的。可悲的是，受过美国教育的唐绍仪，当时却并不明白自己的命运，反而很认真地要负起责任内阁的责任来。结果不问可知，不仅责任内阁搞不下去，袁唐之间多年的交情也完了，唐绍仪只得不告而别，悄然失踪，从此离开了政治舞台。其时，在辛亥革命的第二年。

在接下来的岁月里，唐绍仪基本上变成了政坛的点缀和看客，看人起高楼，看人屋宇塌，多数时间在家乡隐居。直到1931年，国门上的五色旗已经换了青天白日旗若干年后，蛰居多年的他突然拇指大动，出任起家乡香山县（时已改为中山县）的县长。古稀之年的唐绍仪做起七品芝麻官来，跟当年做巡抚、尚书和总理一样，雄图大志，有板有眼，绝不糊弄。在不到四年的工夫里，他四处化缘，修马路，建医院，把自家的花园改建成城市公园，对市民开放，甚至还野心勃勃地想在中山县的海岸上建一个大海港。至今中山还流传着他的逸事，说他修马路的时候，碰到土地公公挡路，民工不敢动，他就用手杖敲敲土地公的头，然后让民工下手。马路修好之后，下水道的井盖老是被偷，于是他下令在井盖上铸上"盗买与盗卖，均罚五十元；报信或引拿，均六成充赏"字样，后来就没有人偷了。

唐绍仪以做过总理的身份去当县长，在民国时期好像并没有引起多大的反响。倒是中共建国后，此事入了毛泽东的法眼，他几次公开引用这个例子，教育干部要能上能下。其实，跟今天我们通常的看法不一样，当年的唐绍仪，并不会认为以做过高官的身份再当芝麻官，是屈尊。实际上，唐绍仪晚年一直是在家乡做乡绅，出任县长，不过是乡绅为自己家乡做事的一种特殊形式，他只是在做事，或者比较方便地做事，算不上是做官。在那个年代或者更早，这样的人其实是很多的，凡是退休回家的士大夫，总要为桑梓谋点福利，否则就不配做乡绅。尽管唐绍仪喝过洋墨水，但毕竟没有脱出传统士大夫的积习，事情就是这么简单。

顺人章士钊

一个人活在世上，不顺心事，十之八九。用叔本华的话来说，就是长时间的痛苦中间夹杂着瞬间的快乐。大概只要某人快乐之间的间隔稍微短一点，大家就会认为他命很好了。不过，这个世界上，事情总是不平衡的，在大多数人埋头苦熬的时候，总有那么一些人，不知道什么原因，能在各种环境和条件下，都混得很好。下面我们要谈到的章士钊，就是这样一位。

章士钊刚出道的时候，运气并不太好，赶时髦弃文从武，不过进了江南陆师学堂，如果一直学下来，日后的出息肯定比不上北洋系的武备学堂。不过还好，章士钊很快就脱离那个培养兵头的地方，掉过来弃武从文，接手办《苏报》；当惹出事来，明明他是主编，最后倒是邹容和章太炎两个进了监狱，前者还死在了狱中，他却平安无事。这里就有点运气了。

章士钊真正的时来运转是在1904年到日本留学期间。到日本后，原来的热血愤青章士钊不再热心革命，改埋头读书了，连同盟会也不肯加入。章太炎、张继这些昔日的朋友，怎么劝都不行，没办法，有人出主意说章士钊很喜欢一个新近来日本的美女，而这个美女恰好很倾向革命，不如让她去劝劝试试。这个美女名叫吴弱男，是当年淮军名将吴长庆的嫡孙女，清末四大公子之一的吴保初的掌上明珠。结果呢，美女吴弱男去劝了，没有劝动，反而把自己搭进去了，从此，吴弱男成了章士钊的枕边人。

革命党赔了夫人，章士钊抱得美人归。这个天上掉下来的好事，对章士钊来说，却是一个命运的关键性转折。吴家在当时的中国可是非同小可，李鸿章、吴长庆和袁甲三原本同属淮系，而吴长庆又是袁世凯的恩公，所以吴家跟清末民初势力最大的北洋系关系甚深。无怪乎吴弱男张口闭口就是我们官家如何，在那个时候，吴家的确属于中国最有权势的"贵族"，要不吴保初怎么能入选四大公子呢。有了如此美人相伴，章士钊从此变了模样，过去那个当过私塾先生的湖南穷小子，开始跻身于上流社会。无论办杂志、办学校还是做官僚，都带着三分贵族气。军阀、政客、革命党甚至青红帮，都对他高看一眼，给官，给面子，给大头（光洋）；请饭，请花酒，请留洋（欧洲）。欧洲游学当时是费用最昂贵的，人家章士钊可以一去就是若干次，一待若干年，还带着家眷、仆人，而且据说还拥有整屋子的社会主义的德文书（陈西滢语）。

章士钊日子过得顺，不仅是命好，识时务，关键是性格上顺。历史上此公做金刚怒目状只有两次：一次是在编《苏报》的时候,那时还是"愤青";一次是在段祺瑞政府里做老虎总长,镇压北京女子师范大学的学潮,撤鲁迅的职。除此以外,跟谁都混得不错。章士钊自己说,平生见过最难交的人有三个,其中一个是陈独秀,可是章士钊还是跟陈独秀交上了。平心而论,章士钊是讲交情的,为人并不势利,但他比一般人讲得柔,讲得顺,无怪乎能讨那么难讨喜欢的人喜欢。

性格决定命运,信夫!

簧声戏影里的西太后

1901年的中国,曾经出现过这么一幅图景,作为占领者的八国联军统帅瓦德西(Alfred Graf Von Waldersee),一天被一群中国商人请去听京戏。在咚咚呛呛的皮簧声中,老瓦如坐针毡,头痛欲裂,好不容易挨了一个钟点,总算找了个借口"得脱苦海"。与此同时,被瓦德西赶到西安的西太后,却是个既要食有肉,又要居有竹(丝竹)的戏迷,一天没有戏看,就闷得难受。打和挨打的双方总算都在中国的土地上,看了一回我们的国粹京剧。

对于西太后叶赫那拉氏,眼下的评价,总算是呈现了一点历史的复杂性,有点毁誉不一了。荧屏上的形象越来越正点,从相貌到行为一概如此,而网上却依然以骂为主,兼说别样。不过,在我看来,关于西太后的评价无论怎样毁誉不定,至少有一点是可以肯定的,就是京剧如果没有这个老太婆,肯定难以有今天第一国粹的地位。

西太后是京剧的知音,正是由于她坚定的支持,原来上不得台面的乱弹才得以成为压倒所有其他戏曲形式的京剧。

对于戏剧,她喜欢花部的乱弹二簧戏,有意抬花抑雅,而且不满足于宫里太监的演出,打破常规,大量地将外间优秀的二簧伶人召进宫来大演其戏。那个时代出名的艺人,谭鑫培、陈德霖、杨小楼、孙菊仙、王瑶卿等人,都受到过她的赏识,不仅每有赏赐(甚至还给官爵),令太监伶人看得眼红,而且对这些"戏子"相当优容。在这些京剧名角面前,她的确称得上是和蔼可亲的"老佛爷",传说中的西太后如何如何的寡恩刻薄,其实大多是没影的事儿。即使是那些艺人解放后写成的回忆,也往往透着对老佛爷的喜爱。当然,在那个时候,京剧界对西太后也是投桃报李,几乎所有剧目里的太后都是正面形象,最过分的是《法门寺》,不仅太后光彩照人,连太后身边的太监也顺便沾光成了好人。

西太后还是个懂戏的超级"票友",晚清吃过洋面包的宫廷女官德龄告诉我们,西太后经常兴致勃勃地给她们讲戏剧故事,在看戏的时候也不肯安静,不断地将各种演戏的逸事和规矩说给身边的人听。事实上,京剧发展过程中非常关键的一步,就是在西太后的鼓励下完成的。在开始的时候,京剧演出比较粗糙,工唱的行当只管捧着肚子唱,工做的行当就只管翻跟头打把式;后来有"通天教主"称号的王瑶卿首先开始改革,将表演动作融进了演唱当中,"演得跟真事似的"。在社会上的一片反对声中,西太后说话了,"王大演得好"(王瑶卿行大)。谭鑫培的唱腔也与传统不合,但西太后却喜欢,给了他"叫天"的赞誉。从此以后,京剧进入了一个生旦同挑大梁的新阶段。

西太后懂戏,也入戏。此人虽然粗通文墨,掌权之后也找过几个老儒给她讲点经史,但真正的教育却是戏剧给的。晚清时节,京剧虽然已经进入宫廷,但毕竟是来自民间的乱弹,不唯用词鄙俚,思想内容也相当混乱。固然不乏忠孝仁义的鼓吹,但来自游民的江湖义气与恩怨分明的意识也相当明显。不仅如此,过去的京剧对帝王时常会有点不敬,总是批评他们听小老婆的话,忘恩负义,滥杀功臣,针对的大抵是朱元璋,屎盆子却都扣在比较远久的刘秀头上。对于清朝第一大戏迷西太后来说,戏的情节和内容不可能不影响到她的思想和行为。虽然总的说来,西太后还算是个头脑清醒的统治者,为政大体上中规中矩,但却也时不时地发点"京剧脾气"。

一个官声很是不怎么样,又贪又蠢的小小知府吴棠,只因为在西太后扶父之枢归葬的落难之际,误送了一笔馈赠给她,待到昔日的待选秀女成了太后,吴棠就开始官运亨通,位极人臣,不管犯了多大的错,任谁也参不倒。八国联军打上门来,老太婆落荒而逃,一口气跑了几百里,连口水都喝不上;兵荒马乱之际,怀来县令吴永好歹总算准备了一锅稀粥,让老太婆喝得舒心,于是也成了一个参不倒的人物。接下来,来自广西的岑春煊,脾气坏得要命,逮谁得罪谁,只因为在西太后逃亡途中第一个带兵前来护驾，也官运大好，甚至连朝廷分量最重的庆亲王奕劻和袁世凯联合参奏，都没能动得了他的乌纱。在有恩报恩的同时，西太后对待功臣也相当富有人情味，所谓的中兴名臣，无论以后的作为如何，都会顶着一堆官爵头衔终老，临了的谥号还会给找个最美好的词。曾（国藩）、胡（林翼）、左（宗棠）、李（鸿章）自不必说，连沈葆桢、袁甲三之辈也同等待遇。中兴名臣中，遭际最差的是郭嵩焘，出使西方后，再也没有被起用。但他的倒霉主要怪他第一个吃禁果，以翰林出身的身份跑到了洋鬼子的地方做事，以至于官场舆论说他去"事鬼"，意思是伺候鬼子。西太后待他的不好，也不过就是没有很快再用他而已。

查一查《二十四史》，善待功臣的皇帝当然也有过几个，但是对臣子报恩的帝王却几乎没有。从理论上讲，皇帝实际上没有什么恩人，所有人对他好都是应该的。即使所谓对他有恩的功臣，以后如果犯了错或者不合皇帝的意，那么也一样是要受到惩罚的，否则就不足以维持朝廷的纲纪。只有民间的戏曲里，才会按农民的思路，编出一些抨击帝王负恩的故事。显然，西太后的这些作为是上了京剧故事的当。

反过来，对于那些她认为负了她的人，西太后也决不吝惜报复的手段。在西太后眼里，最大的负心人就是戊戌以后的光绪皇帝。对于这个她从小拉扯大的皇帝，她理所当然地认为有说不尽的恩义。戊戌事变,西太后不仅将谭嗣同图谋借兵围颐和园的事算在光绪头上,而且更加恼怒他居然陷她于不得不完全交出权力的窘境,逼得她发动不得人心的政变,重新拿回权力。在西太后谋求废掉光绪,遭到地方督抚和洋人的反对而无法实现之后,身为皇帝的光绪就成了世界上最可怜的人,不仅衣食不周,而且得不时地忍受无休无止的精神折磨。连宫里经常性的演戏活动,也成了西太后折磨光绪的最好方式。戊戌政变之后,宫里最爱演的戏是《天雷报》,这是一出养子得中状元之后,不认养父母,最后遭到雷劈的戏。这出戏此时在宫里演出的时候,西太后特意要求加到五个雷公和电母,狠狠地劈那不孝子,同时将不孝子换成小花脸,一副小丑模样。面对这样一出明摆着是讥讽的戏,光绪必须得陪着西太后从头到尾地看,一边看,还要一边发表意见,痛骂自己。对光绪的怨恨,西太后至死未消。在1908年的农历六月二十六日,光绪37岁生日的前一天,西太后特意安排在皇帝的"万寿节"前夕,演出三国戏《连营寨》。这出戏演的是刘备为关羽和张飞报仇,兴师伐吴,最后失败的故事。戏里刘备是主角,有一段哭祭关羽和张飞的戏,满台白盔白甲白旗号,气氛极其压抑。其实,平时在宫廷演戏也是很讲究吉祥的,而在皇帝生日的"前三后五"的庆贺期内,演这种哭灵戏,无疑是一种别有用心的诅咒。此时的光绪已经病入膏肓,经这番刺激,几个月后便撒手归西。而连续拉了几个月稀的西太后,却终于熬过了比她年轻三十几岁的光绪,在光绪死后第二天才咽了最后一口气。

西太后对于珍妃的处置,也很具有京剧的味道。开始她讨厌珍妃,其实主要是因为担心皇帝受小老婆的蛊惑,所以屡屡裁抑珍妃。戊戌政变以后,旧恨又添了新仇,恨屋及乌,结果是珍妃进了冷宫。甚至在八国联军打来她要逃跑之际,也没忘了把珍妃从冷宫里提出来,塞进井里。在她的心里,也许珍妃就是戏里经常演的那种挑唆皇帝干坏事的"西宫娘娘"。

恩怨分明作为一个人的性情来说,也许算不上什么大的缺点,但作为最高统治者,如此行事未免就有意气用事之嫌。再加上作为贵妇人,西太后本身就有一些贪图享乐、贪财好货的积习,从孙殿英的盗掘看,她要算清朝帝后中陪葬最厚的一位。而且喜欢虚荣,讲究排场,宫里一日不热闹就难受,晚年还特喜欢摆出姿势让外国人给她拍照。几项加起来,使得这个以一般标准看起来还说得过去的掌权的老太太,作为政治家,评分难免要打些折扣,种种毛病导致她在权力上总是看不开。比如说,在甲午战后,她明明知道清朝不变法,祖宗江山是保不住的,但是一旦变法危及她的权力,她还是不顾江山社稷的安危,在顽固派的拥戴下,再次出山,毁灭了正在进行的改革。接下来,又在一连串向后转的动作中,与西方发生了剧烈冲突。当闻说西方要威胁她的权威,让她交出权力给光绪的时候，竟然置国家民族安危于不顾，冒险利用义和团，围攻各国使馆，与所有西方国家开战，结果使国家陷入一场空前的浩劫之中。顺便说一句，西太后之所以能够最终相信义和团具有刀枪不入的法术，与她看了太多的神怪戏也不无关系，义和团的法术，也往往跟戏剧里的神怪人物纠扯不清，两下在意识的表层出现了某种契合。

自电视剧《走向共和》播出以后，有关西太后的评价问题再次成为某些人们议论的热点。说实话，对于中国历史上的女性统治者，历史的评价往往趋于苛刻，弄不好就落得"牝鸡司晨"之诮。如果抛去这种对于女人的偏见，我认为，作为晚清最后岁月的统治者，应该说西太后做得还差强人意，至少比她死要面子甘做鸵鸟的夫君咸丰要强，比她那个十五六岁还读不成句的纨绔儿子同治更是强到不可以道里计。但是，作为一个在中国的历史转折关头居于最高位的人物，她没能推动这个转折的完成，无论如何都算是大节有亏。

可惜的是，西太后所钟爱的京剧，并没有给过她这方面的启示。

西太后、义和团和外国公使夫人

西太后、义和团与外国公使夫人,是三个不能同时相容的东西。西太后信任义和团之时,就是公使夫人们受难之日,在义和团和清军围攻使馆的枪炮声里,夫人们不唯提心吊胆,有的还丢了丈夫,有的受了伤。反过来,当西太后跟公使夫人握手言欢的时候,义和团就被镇压得呜呼哀哉,没死的不是逃奔他乡,就是改换门庭做了洋教的教民,而教民恰是当年他们拼了命要杀的主儿。

按常理,西太后跟义和团与公使夫人都应该搭不上界。于前者,清朝的政治文化多少有点理学的味道,对于义和团这种"怪力乱神"的东西,向来是排斥的,断没有沆瀣一气的道理。于后者,西太后虽然不像她老公咸丰那样看见老外就头痛,但对洋鬼子也没有太多的好感。在庚子之前,总理衙门拟好的接见外国公使的章程,也是只见公使不见夫人,所以,做太后的单独接见公使夫人好像只有一次。说实在的,作为一个挑剔的老太婆,对于那些穿着怪里怪气的公使夫人,不可能有多大的兴趣。

西太后与义和团扯上瓜葛，说起来还是戊戌变法惹的祸。出于对失去权力的担心，西太后出手镇压了维新派，然后就只能被守旧派牵着鼻子走。西太后发动政变之后也并不想尽废新政，但人家告诉她，不废新政，则训政（西太后再度直接掌权）无由。于是有些她本来同意的新政也一股脑全废了，只剩下一个京师大学堂没动，实际上也停了没办。可是，一旦得势，守旧派的脚步就不可能停下来，他们不约而同地向后走得更远，直到回到封闭状态去。这样一来，难免要惹得西方列强不乐意，中西关系在平稳多年之后出现了紧张，下层反洋人的运动受到了官方的鼓励，变得异常活跃。守旧派没有什么东西可以拿来跟外国人抗衡，这时开始主张借助"民气"，其实他们真正感兴趣的是义和团之类民间团体刀枪不入的"神术"，相信借助义和团刀枪不入之术，就可以抵御洋人的坚船利炮。为了让西太后坚定地做他们的"首领"，守旧派还不断地给西太后拱火，甚至不惜伪造列强要求西太后交权给光绪的"照会"。

尽管西太后对外国人干涉他们的"家事"十分恼怒，但对于义和团的神术能不能靠得住，还是心存疑虑。这个时候，宫里宫外已经把义和团大师兄的超人功夫传得跟真事一样，西太后还是派了两个她认为信得过的军机大臣，刚毅和赵舒翘，前往驻扎在涿州的义和团，看一看团民刀枪不入法术的真假。按说，这两位都在刑部干过，刚毅还曾是刑部秋审处的"八大圣人"之一，向有公正刚直之名，理当具有较强的判断力和辨识能力。可是，也许是刚毅他们本身就倾向守旧派，眼睛出了问题，也许是义和团大师兄袒着肚子，拿火枪啪啪地朝上着家伙，表现特别出色，最后两人回去汇报，居然言之凿凿地认为，刀枪不入确有其事（也有一说是，赵舒翘还有所怀疑，但在刚毅的坚持下，没有说真话）。结果自然是很可怕的，清政府由此发布了自近代以来第一份"宣战诏书"，向来连一国都打不赢的大清，居然向所有的西方列强宣战。

还没等八国联军打到门口，西太后实际上已经明白她是上了刚毅、赵舒翘加义和团的当。在经过了颠沛流离跑到西安之后，她总算明白了外国人其实并不真的在意谁是这个国家的头，以及这个头是公是母。在彻底明白也彻底服气之后，西太后对于西方表现出了出奇的热情。原来死活看不上眼的外国公使夫人，在回京以后，竟然频繁地成为西太后的座上客。据经常出入宫廷的美国女医生赫德兰夫人说，西太后往往给予这些公使夫人过高的礼遇，往往是公使夫人落座之后，光绪皇帝才能坐下，而且还欠着半个屁股。西太后不仅让皇帝对这些过去看不上的外国娘们降尊纡贵，自己的架子也放下了许多，时常拉住这些洋女人的手嘘寒问暖，让人感到眼前就是一个慈祥的中国老太婆。赫德兰夫人是这样描写在公使夫人面前的西太后的："只有在私下接受某外国公使夫人的觐见时,这位非同寻常的女人才会表现出她的机智,她的女人味儿,和她作为女主人的吸引力与魅力。她与每一位客人握手,非常关切地嘘寒问暖,她也抱怨天气的炎热或寒冷;如果茶点不合我们的口味,她会非常着急。她十分真诚地说,能和我们见面是她的一种福气。她还有办法让每一位客人都为她着迷,即使她们以前对她存有偏见。她对每一个客人都很关照,这也充分表现了她作为一朝之主的能力。"[见I. T. 赫德兰(I. T. Headland):《一个美国人眼中的晚清宫廷》(*Court Life in China*)] 有的时候,这些不谙宫廷礼仪的洋女人忍不住乱摸乱动,甚至抄点什么走;吃饭的时候,面对盛宴,有人居然挑三拣四,说些难听的话。西太后也真像个佛爷似的,视而不见,听而不闻。如果人家主动要礼物,自然也是尽量满足。一次,据说一位非常尊贵的公使夫人,居然看上了老佛爷用的碗(那是一件价值连城的宝贝),跟西太后讨要,西太后说这是用过的,就不给了,按中国人的习惯,送礼送双,可以给你另外两个这样的碗。

跟外国公使夫人打交道,义和团的话题虽然尴尬,但有时候还是逃不掉。有一次,西太后发现一个公使夫人佩戴着勋章,就问这个东西的来由。公使夫人答道,这个勋章是因为我在义和团围攻使馆的时候受伤,我们国家奖给我的。西太后马上双手握着这位夫人的手,似乎显得很激动地说:"对那次动乱中所发生的事我深表遗憾,义和团匪民一度势力盖过朝廷，更有甚者，他们竟然把大炮架到了紫禁城的城墙上，这类事情以后永远不会再发生了。"如果赫德兰夫人所记录的西太后这段话属实的话，西太后当然是在撒谎。那时候，在北京的义和团根本就没有什么大炮，更别提架在紫禁城墙上了。当时的义和团势力虽大，但并没有真正成为北京城的主人，西太后是有能力控制局面的，没有她的支持，义和团根本成不了那么大的气候。不过，事过境迁，不把屎盆子扣在义和团头上，老佛爷怎么下台？

跟外国公使夫人的接触，也导致了西太后自身的某些变化。在晚清最后的几年里，西太后对所有的西方事物都表现出了特别的兴趣，汽车坐得，望远镜望得。现在西太后留下来的许多照片，包括摆拍出来的许多"艺术照"（比如她扮观音，李莲英扮韦驮的那张），都是这时候的产品。西太后还在美国公使夫人的劝说下，同意把自己的画像送往圣路易斯博览会展览，因为公使夫人说，各国首相的画像都在那儿展出。为此，西太后请外国画师一连画了几个月的像。

当然，西太后跟那些"洋鬼子"妇女也有些小小的抵牾，比如说，她很看不上外国妇女束胸的习惯，背后总是出言不逊，并且始终坚持自己的满人服装连同她六英寸高的满式高跟鞋是世界上最好的服饰。所以我们现在看到的西太后跟公使夫人的合影，依然一边是满族桶式的旗袍，一边是束胸的西式长裙。

在西太后跟外国公使夫人打得火热之际，朝廷的新政也在如火如荼地开展。几年前的守旧派首领，如今变成了改革的当家人，只是变革的方案，却是抄人家康、梁的。不过抄归抄，康、梁却不能平反。不仅不能平反，连看到康、梁的名字，西太后都要神经过敏。开经济特科，第一名梁士诒，只因为有人说他的名字是梁头康尾（康有为字祖诒），就被西太后刷掉。西太后的明白和服气，都是对着老外的，而对中国人，她却"墨索里尼"，总是有理，镇压改革是对的，开历史倒车也没错，后来改革更是对的。活生生造出了一个历史的大别扭，不为别的，只因为自己的脸面。

对于一个垂了近五十年的帘、操纵了两任儿皇帝、安排了一任孙皇帝的人来说，脸皮的确是很金贵。不过，在她和她的脸皮进了棺材以后，大清的气数也就尽了。

"官屠"刀钝

清末官场上据传有三屠,张之洞为"士屠",袁世凯为"民屠",岑春煊为"官屠"。张之洞得名大概是因为他主张废科举,断了大批"士"的上升之路;袁世凯则是因为镇压义和团,杀了不少大师兄、二师兄之类的团民;而岑春煊的"官屠"之名,却是从他立志整顿吏治这儿来的。

岑春煊的发迹是因为1900年八国联军打进北京,西太后老佛爷仓皇出逃,一路上缺兵少将,餐风露宿,担惊受怕,在这紧要关头,第一个赶来勤王的地方官,就是岑春煊。有岑带来的千把兵马,不管顶用与否,老佛爷总算心里踏实了许多。从此以后,当时还是个按察使的岑春煊,深受老佛爷的宠信,一路官运亨通。在朝中与瞿鸿禨、肃王结为一党,跟袁世凯和庆王、张百熙对抗。这个少数民族出身的新贵,得意之后,发誓要澄清吏治,自从当了两广总督,随即刮起了一场肃贪风暴,上任不久,即大行参劾。行动之鲁莽,手法之草率,举国震惊。岑的下属更是胆战心惊,人人自危。

晚清走到20世纪，吏治之滥，已经到了病入膏肓的地步，贪污腐败已经成为官场普遍的问题，原先制约腐败的监察系统也已经失灵，而且沦为政治斗争的工具。密折制度也无形作废，满朝文武，没有人会为了贪污去上奏折打小报告。严格地说，朝廷所有的官都是买来的，即使科第出身，要想混个好缺，也非花钱打点不可。想当官的人们，光花钱买官还不行，还要买缺，买了缺之后，想要早点做上官，还得买排队优先的位置。得官的成本在提高，做官的成本也在提高。由于各级官吏都是买的，大家都需要早点收回成本，尽快赢利，因此对下属的孝敬都很在意。冰敬、炭敬，以及各种"敬"，花样出新，刮来的地皮虽然肉痛，但都免不了要拿出部分来打点上司，一层一层供上去，直到中央。这个时节，官员更换的周期也在缩短，凡是好一点的缺，轮换的频率都非常高，有时一年不到就得换人。所以大家一上任，气还喘不匀就要张罗捞银子，否则离任的时候就有可能收不回成本。要知道，那时候许多人都是借了高利贷买的官。

在这种情况下，要想肃清贪污，整顿吏治，不从制度的根本着手，无论采用什么手段，基本上都是无效的。不过，就现实而言，贪还是要反的，尤其在新政的改革时期，如果不反贪，改革很可能会变质，只是在反的同时，制度建设要跟上。客观地说，个别封疆大吏的肃贪行为，对于所属地方的"官场投资人"来说，的确是一场灾难，一场跟别的地方比较起来感到很是委屈的官灾,无怪乎人们要称岑春煊为"官屠"。尽管如此,岑的反贪还是具有正当性。当然,从某种意义上说,岑的反贪,也是反给朝中的庆王奕劻看的,因为这个奕劻贪财好货,已经为人所共知,在地方反贪,实际上是为了间接打击朝中的对手。不过,毕竟刀是直接砍到两广的地方官头上,真正痛的,还是这些人。

以往,一上来就宣称要整肃吏治的地方大吏其实很多,不过这种宣称多是博取名声的一种手段,顶多三板斧下去,后来也就不了了之了。更卑劣的也有,是将反贪作为贪的手段,一吓唬,孝敬就送上来了。晚清某高官有秘诀,说是对下属得连骂带吓唬,一骂则皮袍人参来,二骂则珠玉钻石来。像岑春煊这样来真的的当然也不是没有过,不过,大家可以利用各种关系,采用各种手段,最后使得最高层对他的印象变坏,让他即使不锒铛入狱,也要官位不保。可是,西太后是个深受戏剧"毒害"的女强人,有仇必报,有恩也必报,对岑春煊的那份感恩之情,一时半会儿难以消除。反对岑的人,无论是捅出经济问题,还是桃色新闻,估计对"圣眷"太隆的岑春煊,都无可奈何。

"官屠"不走(当然死了更好),官难不已,怎么办呢?于是利害相关的人,大家凑钱,在香港开出赏格,有能使岑屠离开两广者,赏港币百万(那时钱很值钱,百万已经不是小数目)。

重赏之下，必有勇夫，也必有智者，很快就有人想出了办法。当时，西太后最恨的人除了光绪，就是康有为和梁启超。虽然朝廷实行的新政，基本上是抄康、梁的作业，但好记仇的西太后，却一股脑地将戊戌以来所受的磨难和委屈，都算在康、梁头上，硬是对他们不依不饶。得不到赦免的以康、梁为首的保皇党人，则在海外一个劲地诋毁西太后，鼓吹把权力交给光绪，声声都触到了西太后的痛处，反过来更令这暮年的老太婆难以容忍。

于是，政治问题成为倒岑的突破口。虽然岑春煊跟保皇党人素无瓜葛，但制造出他们之间的"联系"倒也不是没有办法。有人取来梁启超和麦孟华（保皇党另一个中坚人物）的照片，翻拍后与岑春煊的照片洗在一起，岑居中，梁、麦二人旁立，合成一张，然后将之流传到社会上。那个时候，照相术传入中国不久，人们对这种移花接木的把戏还不了解，于是海内哄传，报刊纷纷刊载，成为一时的大新闻。自然，西太后老佛爷最终也知道了此事，而且亲眼看到了那张合影。

自西太后回到北京，朝廷实行新政以来，明明是在翻戊戌的旧账，虽然老佛爷不承认，可是上流人士莫不心知肚明。在海外的保皇党人，对于新政也不免有些牵挂，而朝野上下，私下跟康、梁来往的，也大有人在。从某种意义上说，保皇党人也或多或少地参与了新政的设计和实施。五大臣出国考察立宪,最后的考察报告据说就是梁启超做的。对于这些事,西太后虽然不可能都知道,但多少是知道一些的,只是新政的改革,本来在历史上就欠着账,已经行将就木的她,实在是没有精力也没有可能全然肃清康、梁的影响,所以只好睁一只眼闭一只眼。换一个角度说,西太后与光绪皇帝是政敌,虽然光绪眼下有病在身,但西太后也没有把握让这个三十多岁的人死在自己这个七十多岁的人前面,别人的预期是什么,不问可知。所以,人们为了"后那拉氏时代"的前程着想,跟保皇党或者说跟光绪套套关系,也在情理之中。

恰是由于有这种"情理"在,西太后看到岑春煊与梁启超、麦孟华的"合影"之后,不由得不相信,不由得不发怒。西太后也许可以不认真追究别的人与康、梁不清不白,但决不允许自己信任的人与政敌有牵连。于是,岑春煊被一纸上谕开缺晋京。

后来,虽然岑春煊最终还是洗清了自己,但在多疑的老佛爷眼里,毕竟有了一点疑虑的阴影。隆隆的"圣眷"风光不再,岑春煊的反贪风暴就此风止云散,巨贪奕劻和袁世凯一直得势到了西太后归西。毕竟在西太后眼里,政治立场上的问题,要比贪点钱财严重得多,贪财的人,忠诚必然是可靠的。

"官屠"的刀钝了,最欢喜的当然是两广的地方官。大家又欢天喜地,付了一百万港币,该干什么干什么去了。全国的官员也都松了一口气,安定团结的局面继续维持。可是,不知不觉地,新政,靠着腐败官员操作的新政,却越来越不成样子,到处民怨沸腾。改革的失利,使得清朝最后一点统治的合法性依据也丢掉了,没有几年,大龙旗就变了颜色。

康熙的才学

康熙皇帝玄烨，至少在眼下，要算是皇帝中最有知名度的一位。他日益飙升的名气，显然和政界、学界以及娱乐圈的追捧不无关系。《康熙来了》，不仅是电视台的一个娱乐节目，也几乎成了近来人们打开电视时的第一感觉。

只要跟娱乐圈沾了边，名气大的人不一定声誉好，可人家康熙不然，硬是名气大，而且声誉佳。大家七手八脚，直到将他老人家捧成了"千古一帝"，似乎还没有歇手的可能。关键是，捧的人里不光有娱乐圈的"娱编""娱导""娱艺"加"娱记"，学界也相当积极。在这些学者眼里，康熙的文治武功无不登峰造极，武能打仗而且打猎（用鸟铳，一枪一只大狗熊），文能作诗为文，无论诗词歌赋，古体近体，样样精通。据说特别值得称道的是人家还学贯中西，于西方的天文地理、数学历算甚至音乐绘画，无一不能。

中国的大人物头上，都免不了有光环。康熙是个富有传奇色彩的皇帝，还是未成年人的时候，就干了件擒拿权臣鳌拜的大事，以后一系列文治武功，包子上的褶，全露在外面，叫人不说好也难。神话从康熙还活着的时候就开始传，越传越神，害得末帝溥仪经过劳改营改造了多年之后，却还相信太和殿前的铜鹤腿上的凹印，是跟随康熙南巡时被这位圣祖皇帝一箭误伤的。

康熙喜欢跟西洋人打交道，西方的传教士一个接一个收用，洋鼻烟、洋钟表，外加洋药和洋乐器都大量地收藏。不过，西方的洋和尚虽然很得恩宠，却出家人不打诳语，硬是不肯加入满人和汉人关于康熙的神话合唱。曾经在康熙身边服务了13年的意大利耶稣会传教士马国贤（Matteo Ripa），在他的回忆录里透露了不少有关康熙的内幕消息，其中有段是这样说的："皇上认为自己是个大音乐家，同时还是一个更好的数学家。但是尽管他在科学和其他一般认识上的趣味都不错，他对音乐却一窍不通，对数学的第一因也所知甚少。每座殿堂里都放了音叉或古钢琴，可无论是他自己，还是他的妃子们，都不会弹奏。有时候皇上的某一个手指确实触摸了键盘，就已经足够让他陷入被奉承的狂喜了，正如我经常见证的那样。"说这话的洋人，是康熙在西学方面的老师，对自己学生的学业状况，应该是清楚的。

仅仅因为某个手指触到了琴键，就会被奉承为音乐家，时间长了，自己也糊涂了，以为自己就是音乐家。这种现象，属于典型的"中国制造"。世间所传康熙的数学造诣，估计比音乐状况稍好，但也好不了多少。可是不知道为什么，这么多年过去了,连历史学家在内,许多人仍然像相信康熙能用原始的鸟铳,将一头硕大的黑熊或者老虎一枪毙命一样,相信康熙那无所不知的学问,尤其是西学造诣。看来,不管时代变了多少,人们习惯围绕着猛人制造神话的传统却并没有变,只要某个猛人还说得过去,我们就不吝惜将所有美好的东西加到他的头上,活生生变出光环来;如果不幸自己所处的时代实在没有像样的猛人,那么拾点古人之余唾捧捧古人,也不是不可以接受的。

记得《世说新语》上有一则南朝故事,说是某名士棋艺特高,偏皇帝也是个棋迷,硬是居心叵测地找来该名士,让他说天下谁的棋艺高,名士答曰:陛下皇帝里第一,微臣臣子里第一。眼下,我看我们用不着追求实事求是,只要恢复到该名士的境界,就已经足矣。

雍正的天真

自从某专吃清史饭的大作家将作品改编成电视剧以来,清朝入关以来的第三个皇帝世宗胤禛,即雍正皇帝的知名度陡然上升。北京胡同里的老太太并她们手里牵着的小孙子,都知道咱大清国有一个雍正皇帝。

鄙人生性疏散,向来耐不住电视剧的冗长加唠叨,所以尽管《雍正王朝》几番热播,我却始终没有看过。不过,虽然眼睛没看电视,却依然逃不脱雍正的阴影,因为总是有人来问,雍正到底是个什么东西,是不是像电视剧里说的那样好。

说实在的,雍正是个什么东西,我现在也说不好。此公在历史上的名声一直不太好,又偏偏夹在两个名声过大也过好的皇帝之间,想不灰头土脸都难。虽然某作家给他平了一回反,也未必真的能翻过来。此公没有他老爹康熙那样兴趣广泛,也没有他儿子乾隆那样诗兴泉涌,只有一笔字据说还说得过去(我见过的,无疑比到处题字的乾隆强多了),当政时间不长,又没有多少可说的事情。不过,在我看来,跟其他的清朝皇帝比起来，这个人多少有点怪，让后人面对他的时候总忍不住想说点什么，却往往说不出什么来。

正是这个雍正，登基做皇帝，空着正殿乾清宫不住，非要搬到偏殿养心殿忍着，弄得皇宫的政治地理大乱，大家都找不着北。

雍正在位的时候，组成了一个机要的秘书班子——军机处，在他以后，军机处取代内阁成为国家的核心决策机关。但是，雍正有秘书却不爱用，总是自己亲自批奏折，往往批得很长，口吻就像个爱唠叨的老太太。不管臣子功劳有多大，让他抓住点小毛病就啰唆个没完，非让你灵魂深处爆发革命，将自己批倒批臭而后止。

批奏折批得长，不见得天天都那么忙，至少不像周公似的，吃顿饭都要吐出来好几次。所以，雍正也有闲工夫看看戏。看戏可是看戏，别的皇帝看过也就罢了，顶多当时一喜或者一悲，高兴了赏几两银子给扮戏的太监，不高兴了赏他们一顿板子。可是人家雍正不是这样，看戏都能看出一段逸事来。说是一次他看《绣襦记·打子》，此剧是明人根据唐代传奇《李娃传》改编的，说的是名门公子郑元和与名妓李亚仙的爱情故事。《打子》一折演的是担任常州刺史的郑父，看到儿子因迷恋娼家最后流落街头，靠为人唱挽歌度日，一怒之下痛打儿子的情节。这段戏让雍正十分高兴，尤其喜欢扮演郑父的小太监（大概更多地是喜欢这种贾政似的人物），于是把他叫到身边赏饭。在吃饭的时候，小太监一时忘情，顺口问了一句，现在的常州刺史是谁？雍正陡然翻转脸皮，勃然大怒，说你这优伶贱辈，怎么敢问国家的名器？当场下令将小太监杖毙廊下。

雍正不独性格乖戾，行事还有点天真。从来历史上轮到争位的时候，父子反目、兄弟相残都是免不了的事。胜利者对付政敌，或杀或坑都是应有之意，别人其实也说不出什么更多的来。君不见，李世民杀了两个兄弟，逼他父亲让了位，最后还不是得了明君之名。可是，雍正对付他的两个争位的兄弟，也不杀也不坑，却封他们为"阿其那"（猪）、"塞思黑"（狗）。殊不知，这样的封法细究起来却大有不妥，自家兄弟是猪狗，那他自己呢？他的父亲呢？

这还不算雍正行事中最天真的，雍正一生最自以为是的糗事，要算对曾静案的处理。

雍正六年（1728年），湖南出了个反清案件，事主名叫曾静，是个屡试不第的儒生，因受到明朝遗臣吕留良诗文的影响，锐意反清。一日，不知从哪里听说现任川陕总督岳钟琪是岳飞的后代，于是让他的弟子张熙前去投书，劝说岳反清。结果不问可知，即使岳钟琪跟曾静一样有华夷情结，也断然不会为了一个岳武穆的遥远虚名而甘冒身家性命之险。于是，这个送上门去的"反革命小集团"被连窝端掉，圣眷正隆的岳钟琪以诱捕曾静洗清了自己。

无论在哪个朝代，出几个谋反案件都不稀奇，更何况满清以异族入主中原，虽然过了百十年，乡下的迂儒硬是坚持"民族大义"和华夷之辨，那也是没有办法的事情。不过这次情况大有不同，在查抄出来的"反革命文件"中，居然有大量宣传雍正争夺皇位的内容，说他如何谋父、逼母、弑兄、屠弟，以及贪财、好杀、淫色，等等，几乎跟当年的隋炀帝杨广差不多。

这样一来，曾静案就不再是一般反对异族统治的逆案了，而是主要针对雍正个人的谋反行为，这样的逆案无疑更容易引起龙颜大怒。曾静等人被逮到京后，实际上是雍正亲自操纵案件的审理，即使到了今天，我们依然可以从当时的上谕中，窥见雍正的恨恨连声之态。按照传统时代的常理，对于这样一个策动大臣谋反，并对现任皇帝进行恶毒攻击的"反革命小集团"的成员，凌迟处死并夷之九族本是应有之意，只有这样，才可稍解皇帝和拍马屁的臣子们之气于万一。可是，雍正对曾静案的处理，却出乎所有人的意料。

雍正下令将审讯曾静的记录整理成册，并在前面加上了长长的按语（上谕），起名为《大义觉迷录》。只是这个审讯记录过于整齐，明显透着点"做"的意思。尽管雍正对曾静等人的"谣言"十分恼怒，认为自己连做梦都想不到，属于犬吠狼嗥，本不足以理会，但在上谕中还是花了很大的篇幅，论证自己对父母如何好，如何孝顺，对兄弟如何仁至义尽，总之是将曾静等人私下散布的所有对他不利的言语，一一详加驳斥。而且"审讯记录"更是采用一问一答的方式，先由审官按雍正的旨意质问，再由曾静作答，让曾静在稍做一点解释之后，将自己骂得狗血淋头，从而反证他散布的有关雍正争位的种种言语是如何荒诞不经。《大义觉迷录》印行之后，发往各个府州县，每个学宫都备一册，成为学子们的必读书。

与此同时，雍正还下令在曾静的家乡湖南成立观风俗使衙门，将曾静、张熙释放，派到观风俗使衙门效力，曾静倒也是个可人，十分配合，不仅自愿到各地宣讲雍正皇帝的"圣德"，而且还写了一篇《归仁说》，表达自己诚心忏悔之意。

雍正这么做的意图，事后看来应该是很明白的。他不是不恨曾静这些人，更不是心存仁慈，企图感化顽愚（像某作家说的那样）。因为这个案件涉及那么多攻击他私德的谣言，他感到委屈，需要有个辩白的机会，否则心中的恶气无论如何也出不来，所以就颇费心思地设计了这样一种处理方式。《大义觉迷录》就是一种特殊形式的辩驳，一种最后将对方彻底而且无条件驳倒的辩驳。让曾静等人自己下去痛骂自己，现身说法，对皇帝的清誉而言，显然比杀了他们要有利得多。

然而，自以为聪明而且急于刷洗自己的雍正，却忽视了一个很关键的问题：传统政治是黑幕政治，或者说是黑箱政治，上层的事情，既无必要，也无可能昭示于公众。尽管小道消息可以传得满天飞，但一般不允许有关部门出来解释澄清；时间长了，自然大家对所有的事都糊里糊涂，将信将疑。这种状况，在多数情况下反而有利于政治的操控。雍正为了把自己刷洗干净，将最隐秘的宫廷斗争抖落出来，昭示天下，甚至不知道分个保密等级，结果自然是越抹越黑，许多原来不知道这些谣言的地方，反而都知道了。那修整得过于整齐的"辩驳书"，实际上未必有雍正想象的那样具有说服力，说不定副作用更大。因为雍正没有也不可能改变政治黑幕化的传统，人们还是按照以往的惯例来分析判断事物，正事反看，反事正看，沿着字里行间，寻找微言大义，捕风捉影，发挥想象。事情的结果我们现在都知道了，在清朝诸帝中，关于雍正的传言和非议是最多的。

雍正的儿子乾隆是个聪明人，他上台之后，马上下令将曾静、张熙等人处死，收回所有散在地方的《大义觉迷录》，加以销毁，任何人不得收存，否则严加惩处。

如此说来，雍正作为皇帝，倒是有几分天真之处，只是这种天真并不可爱。

《三国演义》与隆科多的晦气

雍正的继位问题,历来是史家争讼的焦点,虽然近来认为雍正继位合法的一派占了上风,但坚持篡位说的人也并没有偃旗息鼓。不过,无论说正说反,隆科多的作用却是公认的。作为老皇帝康熙咽气前守在身边的唯一大臣,对于皇位的继承,不说一言九鼎,至少是相当关键的。也就是说,无论继承问题雍亲王作弊还是没作弊,隆科多都是绕不过去的关口。而隆科多,恰是雍亲王胤禛名分上的舅舅,京中兵权在握的步兵统领。

当然,隆科多也因此得到了回报,不仅封官进爵,荣及子孙,而且得以总理朝政,兼管理藩院,双眼花翎、四团龙补服、黄带、紫辔,跟嫡亲皇家宗室一个待遇;尤其是隆科多还以武人身份,被委以意识形态看门人的重任,担任《圣祖实录》《大清会典》的总裁,以及负责监修《明史》。在刚刚即位的那年,雍正对隆科多张口必称舅舅,甚至在奏折上也直书"舅舅隆科多",一点也不担心不成体统。

可惜,这天大的富贵来得快,去得也快。隆科多的双眼花翎刚戴上未满一年,即雍正三年(1725年),就遭到了雍正带头发起的大批判,众臣口诛笔伐的结果,就是一致要求加以严惩。总算皇帝网开一面,没有一撸到底,可从此日子不好过了。没几天就因家奴的一点小事,再次遭到更加严厉的批判,众官僚们一共给这位当年的大功臣罗列了四十一条大罪,坚决要求将之斩首抄家。这次,皇帝再次表现出仁慈,只给"舅舅隆科多"在圆明园畅春园外搭了三间棚子,将他"永远圈禁"。不久(雍正六年),受不了饥寒之苦的隆科多就翘了辫子。

隆科多之死,是否是雍正的过河拆桥,兔子逮到了杀狗,我们且不管它。有意思的是,隆科多的罪状之中,有一条排在前面的大罪是,自比诸葛亮——居然奏称康熙雍正交班之际,他是"白帝城受命"。

在我修习清史的过程中,感触非常深的一点是,《三国演义》这样的通俗小说,对于满人的影响之大不容小视。翻阅清朝入关前的《实录》,你会发现它们居然像是连环画,画得跟晚明的绣像小说一个模子。汉文化首先影响或者叫征服满人的,其实就是那些稗官小说、戏曲唱词,而正统的四书五经,则要排得很靠后。小说中,影响最大的还是要数罗贯中的《三国演义》,满人即使不识汉字,也对桃园结义、火烧赤壁这样的故事了如指掌。据说,有位满人大员被任命为荆州将军,回家一脸愁容,说是荆州连关圣人都守不住,叫我去可怎么是好。实际上,关羽这个在历史上本不起眼的人物,也恰是托了演义的福,被满人追捧,居然在清朝地位直线攀升,变成了武圣,隐隐然跟孔夫子相提并论。

我相信,隆科多自比诸葛亮,说什么白帝城托孤云云,其实无非是表白自己对皇家的忠诚,潜台词无非是"鞠躬尽瘁,死而后已"八个字,否则,他断然不会在奏折里如是说。显然,舅舅隆科多也是个《三国演义》的热心读者。可是,热心表白的隆科多却忘了,白帝城托孤的故事还有另外一个潜台词,那就是,被托的"孤"是小说中称为阿斗的那个人,而阿斗则不仅是小说中的饭桶,而且已经成为民间饭桶草包的代名词。

其实,有清一朝,做臣子而自比诸葛亮的不知有多少,但是唯独真有托孤经历的隆科多不能说,唯有摊上了一向神经过敏的雍正皇帝的人不能说。所以说,不是舅舅隆科多真的不到一年就犯了四十一条该死的大罪,而是《三国演义》害了他。

道光皇帝的考试规则

清朝自雍正以后的皇位继承制度,是所谓的"秘密建储制",即在老皇帝还活着的时候,秘密定下储君人选,写好密诏,藏在乾清宫的"正大光明"匾背后,等到老皇帝翘了辫子,再由辅政大臣当众打开密诏宣读。此法一向为史家所称道,说它既让诸皇子有盼头,又弄不清到底是谁,及到宣布,想要造反也晚了,因此免除了困扰康熙多年的继承纠纷。不过,既然皇位的继承是靠老皇帝拍脑袋定下的,那么就免不了有人会打主意想要暗中影响老皇帝的脑袋。姑不论满打满算实行秘密建储的只有三代,即雍正传乾隆、嘉庆传道光、道光传咸丰——乾隆还活着的时候就把皇位传给了儿子,自己当掌握实权的太上皇,所以说不上是秘密建储,而咸丰只有一个独子,继承无秘密可言。自同治以后,余下的皇帝要谁当,统统由老佛爷西太后一个人说了算,全从她娘家妹子家里找,继承制度形同虚设——就是在实行秘密建储的当口,也不难窥见诸皇子暗中争夺的痕迹。

有一个传播甚广,而且被记录于《清史稿》的传说,说是在道光立意建储之前，在两个人选中犹豫不定，一个是皇六子奕䜣，一个是皇四子奕詝。就在这个当口，一次皇帝带领众皇子到南苑打猎。大家各逞手段，只见弓马飞飞，鸟铳声声，飞禽一个接一个地栽到地上，走兽一个接一个地横陈马前。算下来，奕䜣所获最多，而奕詝则一无所获。道光感到奇怪，就问为什么。奕詝回答说，现在是春天，是鸟兽繁衍的时候，因此不忍杀生以干天和。道光"闻而大悦"，说，这真是皇帝说的话！于是，皇四子奕詝就成了后来的咸丰皇帝。

看到这传说的记载时，总觉得它似曾相识，仿佛在哪里见过，仔细想了一下，原来《三国志·魏志》里有类似的故事。说的是魏文帝曹丕，还在他爹的魏王府里做世子的时候，跟抢来的袁绍的儿媳妇甄氏，生有一子曹睿。然而曹丕做了皇帝之后，很快就喜新厌旧，借故废了甄氏，并杀了她，结果，连带着原本该是太子的曹睿的地位也含糊起来。这时候，曹家父子有了一场围猎，很巧，有子母二鹿在前面奔跑，曹丕立马张弓，母鹿应弦而倒，而子鹿正好撞在曹睿马前。

曹丕大呼："吾儿何不射之？"

曹睿掷弓于地涕泣道："陛下已杀其母，臣不忍复杀其子。"

于是，曹丕感慨说：吾儿真仁慈之主也！最后，没有了亲娘的曹睿反而继承了皇位，是为魏明帝。

跟汉人皇帝走围打猎只是消遣不同，满人以骑射得天下，什么伤天和呀，什么仁慈呀，都是过去农业民族的汉人才讲究的玩意。作为游牧和游猎民族，打猎杀生本是他们生存的必须，也是他们的传统，或者说传统优势。换句话说，正是因为他们不讲究汉人讲究的东西，才夺了天下。当年明朝的军队就是因为在战场上的马上功夫弱，才一次次损兵折将，只能缩在红夷大炮和厚厚的城墙后面，任凭人家在关内驰骋；待到人家也有了大炮的时候，就只好城破人降（或死）了。入主中土之后，满人虽然也讲究文治，但对于武功一直在乎得紧。他们所谓的圣主康熙、乾隆，都特别担心八旗子弟尤其是皇族入关之后接受汉化，丢掉了自己尚武的民族传统，不仅经常三令五申，而且以身作则，纵马持弓，习武相尚。对他们来说，围猎既是展示自身勇武的机会，也是校验子弟骑射功夫的一种方式。虽说皇帝围猎的战绩，多少只的豺狼虎豹和熊貔，里面不免有掺假的成分。我们今天看到据说是康熙一鸟铳打死的硕大的黑熊，其实是事先捉到陷阱里，饿得半死，及到皇帝来时才放出来的。但是这种对围猎战绩的炫耀，却是少数民族政权所特有的。如果汉人皇帝这么干的话，估计多半会引来一群谏臣苦苦劝谏，赶都赶不走，死后还会被别有用心的史家记上一笔，像明朝正德皇帝那样。满人虽然也是自己打下的天下，但比起元朝的蒙古人来，毕竟在武功上面没那么自信。在关外就已经进入大半个农耕状态的满人，对于汉文化更感到亲近，一不小心，就会掉进汉人的汪洋大海被吞掉还不自知。虽然坐江山要靠文治的推行,靠礼仪的讲求,但如果没有八旗兵的武力在后面撑着,皇帝的龙庭还真就坐不踏实。所以说,上面讲的南苑围猎,本应是对皇子们的一场考试,自然是应该以多获者为胜,而奕䜣等于是交了白卷。然而,由于他的那番应对,交了白卷的反而成了最终的赢家。

如果这个传说是真的话,那么肯定是作为现任皇帝的道光,擅自修改了考试规则。也就是说,不像许多史学家所认为的那样,由于奕䜣的那番表白,道光选择他作为储君是理所当然的事情,其实原本当然的选择应是皇六子奕䜣,才合乎正理。

当然,道光改规则也有他的道理。入关以来,清政府的八旗政策,本意是保持其民族尚武的本色,发粮发饷,不务他业,一门子只管习武。然而结果却把昔日骁勇的八旗兵养成了除了玩什么都不行的废物,架鸟笼子满世界遛的有之,捏着嗓子装女声学唱戏的有之,大男人学汉人妇女裹脚者亦有之,总之是向尚武的反面走。还在乾嘉之际,八旗兵的武功已经呈一塌糊涂之状,拉不开弓的有,拉开了弓,射出的箭还没到靶子就落下来的更多,就是射中靶心的没有,甚至还有上不去马,甚至畏马如虎的。当年十几万人就横行天下的骁勇健儿,早已不知何处去了。川、鄂、豫几省的白莲教造反,在清初也就相当于几个毛贼,但却剿了十来年也剿不干净。国家年年耗大笔的钱粮，养着人口日增的八旗子弟，不仅什么用都没有，他们还每每因不善计算陷入破产的境地，隔几年就得皇帝掏银子来为他们还债。几任皇帝为此愁煞了身子，不是没有想过办法挽回，旗务也整顿了若干次，越整越糟。事实明摆着，原来依靠的，现在已经变成正在融化的冰山，说什么也靠不住了。既然原来指望的指望不上了，治国的招数多少得变变了，汉人的规则也就越发凸显了，汉人的份额也悄然增加了。于是，什么围猎啦，什么木兰秋狝啦，统统变成了走过场。不仅安心要在父皇面前显示"仁慈"的皇四子奕詝赢得了储位之争的胜利，而且即位之后的咸丰皇帝，也要高扬儒家道义，大批起用汉臣。他的亲信肃顺甚至公开贬斥满人，说汉人行满人不行，动辄对犯过的满人高官痛下杀手。为史家所公认的同光以后的满轻汉重的政治格局，其实在道光年间已经露出了端倪。

据说，奕詝的这一招，是汉人师傅杜受田的主意。看来，杜师傅是看出了道光暗中改了规则的心思，才会出这种"交白卷"的险招。而貌似聪明的皇六子奕䜣，既无高人指点，又没有悟到情势的转变，一味逞强好胜，结果反而成为争位的失败者。历史小说的高手高阳先生，曾经对奕䜣的失败十分惋惜，因为在他看来，这个皇帝若换成奕䜣这个"鬼子六"来做的话，后来的中国也许会好些。跟高阳有同感的史家相当多，某些抱有大男子主义情绪的人，还把叶赫那拉氏的当权也归咎于奕䜣，甚至认为如果皇帝是奕䜣而不是奕詝的话，中国的现代化可能会顺利得多。其实，就当时而言，真正高一筹的确实不是奕䜣，而是憨厚的奕詝，他能够听杜师傅的话，而且付诸实践，确有过人之处。继位之后，大胆起用汉臣，鼓励实学，在既有框架之内，他已经做到了他所能做到的，因此方能在如此的烂摊子之上，应付来自内外两面的危机。固然焦头烂额，但毕竟没有砸锅，给清朝保持了一点元气。如果我们要求道光和咸丰就能够吸收西方文化，实行改革，显然是一种苛求。事实上，只有经过了这种转折性人物的悲剧性失败，后来的执政者才有实行西式改革的可能，没有人能够做在他的选择框架之外的事情，即使这个人是皇帝。

清朝是少数民族统治的王朝，在王朝里，始终存在着满汉双轨的政治和双轨的逻辑。皇帝靠向汉人的逻辑，实际上是缓慢的和一步步的，而且这个过程还可能出现反复。不了解这一点，就无法理解清朝的历史。

关于三个"猛人"的神话

鲁迅先生对历史上有权势的名人,有一种特殊的称谓,据说是跟广东人学来的,名之为"猛人"。但凡一个人成了猛人,就难免非常之人行非常之事,总断不了有某种不寻常的传说故事相伴,传着传着,神话就出来了。

关于曾国藩,有这样一个传说。说是有天曾国藩多喝了几杯,上床歇息,侍女为他盖被,猛地发现床上盘着一条巨大的蟒蛇,吓得晕了过去,好像许仙见到喝了雄黄酒现了原形的白蛇。由此,人们传说曾国藩是巨蟒变的。此说不光有说,而且有证据,曾国藩睡过的床上,每天早上都会留下许多皮屑,像是蛇蜕一般。因此,人们传说曾国藩是神蟒入世为人,专为拯救大清江山来的。前一阵因高阳小说而大大走红的红顶商人胡雪岩,也有跟曾国藩类似的传说,说是他未发迹时,在一店铺里做学徒,一天夜里睡在柜台上,忽然觉得有动静,急呼有贼,伙计们起来一看,地上倒着一人,抓起来一问,果然是个入户窃贼,说是刚进得门来,突然红光一现,发现柜台上有一金面神人,由此惊倒。因此,人传胡为财神转世,所以那么有钱。

如果说这两个传说还都属于吹捧性神话,专为抬高猛人身份而造的,下面一条属于袁世凯的故事就有点不一样了,虽然也是神话,但多少有几分调侃的味道。故事说的是袁世凯当上总统之后,有一天内侍端着袁世凯心爱的茶杯(大概是古代名窑的)为他上茶,袁世凯因疲劳已经睡了,但内侍发现床上躺着的却是一只巨大的癞蛤蟆,惊吓之余,把袁世凯的宝贝茶杯摔在地上打碎了;袁世凯被惊醒,恢复了原状,问是怎么回事,内侍急中生智,答曰刚才看见了一条龙盘在床上,故尔惊掉了杯子。袁世凯闻言暗喜,不仅没有追究内侍碎杯之过,反而赏了些钱,嘱咐他千万不要把今天的事情告诉别人。故事的暗示再明显不过了:其实袁世凯只是一只癞蛤蟆成精,但误信了内侍的谎话,以为自己是真龙天子,就要当皇帝,结果弄砸了事情。

三个传说有点相似,都是主人公因睡觉现了原形,将无意中看见的人惊倒,属于标准的中国式民间故事的类型。三者之中只有曾国藩的故事有一点"根据":曾的确每天睡觉都要留下一些皮屑,因为此老患牛皮癣,而且非常严重,每晚非得若干婢女为他搔痒方能入睡(当然会有皮屑)。看来编故事并不需要有根有影,有个模式,往上套就是。故事的来源是哪里估计谁也说不清楚,可能是出于三位的身边人,但更可能是老百姓中的好事之徒瞎编的。反正有一点是肯定的,无论是士大夫还是老百姓，都乐意信，更乐意传。

在中国的历史上，有着无数的类似的传说，人们从不吝啬将各种无稽之谈放在他们关心的猛人身上，借着这种神话和传说，表达着他们的爱憎，也以此对历史做出自己的解释。造神，其实是我们这个民族的一点小小的习惯，只要有人"猛"起来了，就会有神话搭配给他，猛的时间越长，程度越烈，神话就越多，神得越邪乎。袁世凯的神话显然是他倒台之后的产物，所以在肯定其"非常人"的身份之余，还有了一点调侃和嘲弄。如果他老人家称帝成功，那么故事很可能就不是这个面目了。

都说国人背后毁人功夫一流，其实，咱们捧人的功夫也是一流。

可人张之洞

在晚清重臣中，张之洞属于跨世纪的人物，从19世纪活到了20世纪，因此有照片传世，还不止一张。照片上的张之洞，是个一把胡子的干巴老头，没有什么招人喜欢的地方，当然也没什么讨人嫌之处。说他是可人，当然不是因为长相，而是此老的为官之道。

曾国藩说李鸿章拼命做官，俞樾拼命做学问，言外之意是李鸿章为官有道，会做官而且能做官，做能官。但是，如果跟张之洞比起来，其实李鸿章还真的差那么一点。晚清时节，是洋人牛气的时代，但跟洋人打交道，往往要遭人非议，交涉谈判的时候，尤其如此，弄得不好，一辈子的名声就完了。这种事，李鸿章拼命做官却没有躲开，背了多少年的"汉奸"骂名，到今天也洗不清，可是人家张之洞就不然，这种事，从来都没沾过。做京官，属于"清流"，有敢言之名；做疆吏，属于能臣，有洋务之功，过了半个多世纪，毛泽东还说中国的重工业不能忘了张之洞。但他就是不跟外国人谈判，不签条约。

晚清人说张之洞有学无术，袁世凯不学有术，岑春煊不学无术。其实，张之洞有学也有术，而且其术道还挺深。同光之际，清流是朝廷的一景，人称"青牛"（时人以清流谐音喻此辈），经常激浊扬清，讥讽时政，抨击权要，尤其好跟那些办洋务的地方督抚为难。张之洞在京城做清流的时候，向以敢谏闻名，号称"牛角"，其战斗力可见一斑。可是，这个牛角却并没有因好顶人而丢了乌纱。1875年，四川东乡县知县孙定扬违例暴敛，激起乡民众怒，进城申辩，而孙定扬反诬乡民造反，四川提督不分青红皂白率兵进剿，烧屋毁寨，残杀无辜400余人，酿成特大冤案。案发之后，由于事牵西太后特别宠信的吴棠（时为四川总督），任凭言官怎样弹章交加，朝野上下闹翻了天，连外国人都知道了，就是平反不了。而张之洞出面，绕开吴棠，将直接责任人孙定扬定罪，结果立竿见影，冤案按张之洞的建议得以昭雪。1880年，宫里出了件惹得朝野大哗的事件，事情不大，却关乎西太后老佛爷的脸面。说是一日西太后让太监给她妹妹——醇亲王的福晋送几盒食物，可是送东西的太监没按规矩携带腰牌，宫里也没有事先跟守门的护军打招呼，结果护军不放行，太监恃宠跟护军吵了起来，愤激之下摔掉了食盒，回去报告老佛爷说是护军无礼，不仅不让他出去，还砸了东西。西太后闻言大怒，立即下令罢免护军都统，并将当值护军交刑部拿问，将置重典。此事由于事关已经有点开始跋扈起来的太监，所以，朝廷自首席军机大臣恭亲王以下，反应强烈，一致认为西太后处置不当，可是老佛爷就是谁的话也听不进去，坚持非要那几个可怜护军的脑袋不行。最后还是张之洞出面，不像众多谏官一上来就把矛头指向太监的跋扈，暗示西太后宠信宦官，人家从老佛爷自身安全的角度，引嘉庆时林清事件为前鉴，说明宫门护卫制度严格的必要性。话说得入情入理，不由得老佛爷不动心，最后护军得以保全性命，涉事的太监也受到了惩罚。以上面两个例子看，这个青牛的牛角，不但没有把人抵痛，有时还正好搔到痒处，无怪乎人家一直官运亨通。

对于张之洞来说，既然取得了科名高第（探花），进入翰林之列，那么为官第一阶段的目标自然而然是博取名声，博取名声在于敢说话，所以必须挤进清流中去。但博取名声的时候，也不能忘记事功，否则博的就是空名。像吴可读这种为了阻止西太后违规立光绪，以死犯谏的傻事，张之洞是绝对不会做的。当然，敢说话自然有风险，但后面的利益也大，关键在于怎么操作。事实上，对张之洞来说，身家性命、身后名节和不朽功业，哪个都不能少。进言直谏，虽说是风险投资，但他却可以将风险降到最小，把收益增到最大。这在于谋而后动的精细，在于审时度势的眼力。张之洞做清流的成功，很大程度上在于他不仅了解西太后的脾气秉性，而且洞悉每件事情的理路和要害，在进谏时不仅情理动人，还能提出切实可行的处理方案，而不是像别人那样总是斤斤于道德说教，耍大帽子压人。

外放之后，张之洞做官的目标从博取名声切换成了博取事功，但此时的他同样在乎自己的名声，自然更要保住自己的身家性命。在历史上，作为清廷的封疆大吏，张之洞的表现应该说很不错，属于想有作为，而且有了作为的官员，很快就成为史家所谓后期洋务派的领军人物。但他在为国家和朝廷着想的同时，也一样看重自己的身家利益所在，事事精于计算，即使天塌下来，他也不会被埋进去。在著名的戊戌维新运动期间，张之洞实际上是支持变法的，梁启超以一介小小的举人之身来见，他恨不得打开总督衙门的大门，鸣礼炮迎接。在他"中体西用"的旗帜下，"西用"实际上是个可以自如伸缩的大筐，所有变法的内容都可以装进去，实际上维新派也是可以接受的，至少没有办法反对。不过这种提法，却让西太后老佛爷听了受用，为自己留足了后路。显然，他不像康有为和梁启超那样天真，非要捧着一个没有实权的皇帝闹变法，在太后和皇帝之间，他的态度总是平衡的。大概他是最早看出，变法的真正症结，其实在于太后和皇帝之间的权力纠葛。因此，他不仅把自己的得意弟子杨锐送到北京，厕身四小军机，力图维护太后和皇帝之间的平衡，而且也没有像比他低一级的同僚、湖南巡抚陈宝箴那样，把所有的鸡蛋都放到一个篮子里，实心实意地投入变法，搞得动静特别大。在西太后盛怒之下，发动政变，胡桃杏子一起数，将杨锐也一并杀掉之后，张之洞没有受到任何牵累，依旧好官照做。《清史稿》一向为人诟病，但在这一点上看得却很准："政变作，之洞先著《劝学篇》以见意，得免议。"

接下来，张之洞又亲手扑灭了自立军起义，将自己的另一个学生唐才常的性命送掉，毫不手软。不久，又在武昌识破导致官民恐慌的"假光绪案"，将有宫里太监配合，长得很像、演得也很像的假光绪押回北京，避免了西太后的一次统治危机。然而，就在西太后连同所有的人都认为张之洞已经变成死心塌地的保后派的时候，北方闹起了义和团，杀洋灭教，而西太后认为西方列强支持光绪，信了义和团的"神术"，愤而支持义和团，公然对所有列强宣战。在这个兴亡存续的关键时刻，他却公然抗命，拉上刘坤一、李鸿章和袁世凯，跟各国的领事搞起了东南互保，跟老佛爷唱起了对台戏。有野史说抗命之时，幕僚草拟奏章上有这样的话：臣职守东南，不敢奉诏。张之洞言道：这老寡妇得吓她一下，改：臣坐拥东南，死不奉诏！不管这事真假，反正张之洞带头不理会老佛爷的"乱命"，一任"老寡妇"被八国联军蹂躏却是千真万确的事实。如果老佛爷并光绪皇帝没有逃出来，或者逃出来死在乱军和义和团之手，那也只好让她听天由命了。

在张之洞看来，站队选择西太后，是因为当时的朝廷实际上姓叶赫那拉，为了自己的身家性命，只能选择站在优势者一边。可是，如果朝廷当政者真的昏了头，跟列强作对，属于明显的拿鸡蛋往石头上碰,真的碰上去了,多半跟领兵出征和八国联军干的李秉衡一样,在洋人的马蹄下翘了辫子。这种事情,对于一世精明的张之洞来说,是无论如何都不能干的,到了这个地步,名节又是第二位的了。在做清流的时候没有学吴可读,做了封疆大吏自然也不能学李秉衡。

张之洞的精明还体现在他的谨慎小心上,为官多年,他从来不肯弄险。有一则逸事很能说明问题,那是他生命的最后几年,张之洞被调往京城,明摆着是入军机,主持新政,但在任命没有下来之前,他到了军机处的台阶前,任凭里面的张百熙百般呼唤,就是不肯踏上那一块豆腐高的台阶半步。原来,当年雍正设立这个机构的时候,曾有这样的规矩,非军机处的人,不论官衔多大,只要非请踏上军机处的台阶,一律杀头。可是到了晚清,这个规矩早就没有人理了,但是人家张之洞却依旧如此较真,其谨慎非同一般。另外,虽然后世史家将张之洞划归洋务派或者地方实力派之列,但他跟自曾、左、李以来的一班儿跋扈的督抚还是很不一样。虽然他的确坐拥东南,兵马、人事、钱粮大权在握,办工厂、练新军都是大手笔,却很少将他办的事业,看成自己的夹袋中物。以练兵为例,虽然据说此公弱不禁风,骑马阅兵还得两个人扶着,但对于学习西方,实行军事现代化却情有独钟。编练完全洋式的新军,他其实跟小站练兵的胡燏棻一道起步,但调离两江总督任上,就将辛辛苦苦练成的自强军留给了刘坤一（结果是被人家糟蹋掉了）；回到湖广任上，又练成湖北常备军（湖北新军），1906年调京入军机，再次交给别人统领。所以，我们在讲到现代军阀的时候，可以上推至曾、左、李，但张之洞却不在其中。这里面的缘故，很大程度上在于他的谨慎小心，他不想在朝廷或者历史面前留下任何一点可能危及其名节的把柄，其用心跟扑灭太平天国之后，曾国藩遣散湘军是一样的。忠于清朝是他精心维护的名节之重心，对于这一点，他实在不想令其染上任何的污点。用他自己的话打个比喻，在事功和名节面前，名节肯定是体，而事功只能算是用。

正因为如此，做京官的时候，张之洞要做清流，尽管事实上没有得罪人，反而因此获得利益，但一定会博得"敢言"之名。这种名声背后的潜台词，就是刚正不阿，属于忠臣之本。出来办洋务，不论事情办得多么声势浩大，对朝廷，都决不有大的违拗，关键时刻，甚至不惜用变革者的血，洗刷自身的名节。但是如果朝廷昏到了让他白白去送死的关头，那他还是会将保全自己的身家性命放在第一位。显然，这是所有处事精明者的共同底线。

这时候，我们发现了，对于会做官的人来说，无论这个体那个用，"体"弄到最后就是自己的躯壳，顶多再算上自己家人的躯壳。体就是体，如此而已，岂有他哉？

左师爷的牛脾气和樊总兵的错会意

　　晚清人物，首推曾、胡、左、李。左宗棠是其中个性特殊的一位，不论当时还是后世，他的名头都盖不过曾国藩和胡林翼，还有人认为李鸿章其实也比他强，但是在他活着的时候，这些人其实都不在他眼里。自比诸葛亮的他，一向以为今亮（他自己）未必不如古亮（三国时的诸葛亮）。平心而论，左宗棠的确有那么两下子，治军、打仗、办洋务都像模像样，而且胆略过人，一干所谓的同光中兴名臣中，就他总是和外国人叫板，还出征新疆，打败了阿古柏。

　　有本事的人都牛。曾、胡等人，在成名之前，都在官场上磨砺多年，所以涵养都好得不得了，即使牛，也是藏在里面看不出来；左宗棠不同，仅仅以举人之身就一下子陷在剿灭太平军的大业中，故尔不免锋芒毕露，牛气冲天。湖南是太平天国战争早期的战略要地，而当时的湖南巡抚骆秉章却是个婆婆妈妈的太平官，幸亏人家推荐了左宗棠做他的师爷，一干军务要事全凭左师爷做主，他只管画诺就是，总算没有把省城长沙丢了。

左师爷初临大事，指挥若定，但牛脾气却也大得紧。所有决策，他一言九鼎，骆秉章连商量一下的余地都没有，只能百分之百听他的。至于骆秉章麾下的将领，左师爷更是不在话下，统统只有听喝的份。当时湖南有位总兵，名叫樊燮，自恃有战功，见了左师爷而不拜，左师爷不高兴了，喝道：武官见我都要请安，你为何不拜？樊总兵答道：武官虽微，但我也是朝廷二品大员，为何要拜一个未仕的举人？左师爷闻言大怒，破口大骂：忘八蛋，滚出去！事后，左师爷立马逼着骆秉章参了樊总兵一本，让他回家吃老米去也。

樊总兵受了这口鸟气，怎生消得，发誓报仇，不过人家没有雇人行刺，也没有上京城挖门子走关系，心想左宗棠一个举人，就敢如此对我，不就欺负我没文化吗？于是卖了田地，盖了一幢小楼，花大价钱请来名师，把两个儿子关在楼里读书；还让儿子穿上女人衣服，把"忘八蛋，滚出去"刻成牌位，放在儿子的书房里，说是考上秀才准去女装外衣，考上举人，跟左宗棠平级了，才可换上全套男人衣服。樊总兵的两个儿子还真争气，步步登高，最后双双中了进士，其中弟弟樊增祥还进了翰林，成为晚清名噪一时的诗人。

不过，对于左宗棠牛脾气的来由，樊总兵其实是错会意了。晚清是乱世，是武人出头的时候，左师爷之所以如此牛，不是因为他的举人功名。天下举人多了，即使在太平年景，有几个敢给手握兵权的总兵大人气受的？左师爷的牛气关键在于人家有治军用兵的韬略，在于骆秉章手里的军权（后来左宗棠独当一面的时候，这样的军权他也有了）。让儿子发愤读书，中举、成进士其实出不了他所受的鸟气，人家左宗棠水涨船高，入相进军机，一直到死都是那么牛。其实还是因为他在治军和用兵方面有本事，以及手里军事、财政和民政方面的权把子。樊家子弟在科举的阶梯上爬得再高，文名再盛，也爬不到当年的左师爷头上。如此看来，樊总兵的气算是白受了。

左宗棠晚年的"骂人事业"

晚清的湖南,出人,也出学问。大名鼎鼎的曾、胡、左、李,有三个是湖南人,自不消说。而学问也了不得,曾国藩是理学大师,慎独功夫一流,而王闿运和左宗棠,擅长的则是帝王学。一身名士气的王闿运没有找到用武的机会,结果是在王看来学问并不太好的左出够了风头。

帝王之学是佐人成帝王之术,大刀屠龙,权术之中裹挟着霸气。所以左宗棠一出山就让人受不了,幸亏赶上了太平军起义的年月,军情紧急,人才难得,也因为碰上了脾气特好而且能耐特小的骆秉章,才让他得以展露才华。建功立业之后,虽说此公脾气大嘴巴臭,还不断地弄点权术耍耍,成片地得罪人,但老谋深算的西太后和恭亲王奕䜣,鉴于督抚专权的现实,出于牵制曾、李等人的考虑,对这个搅屎棍特别优容,使得他在众人的诋毁声中不断地上升,不仅入相而且进过军机处。要不是要枢诸公受不了左宗棠的大话和唠叨,也许他会成为朝中最有权势的中兴名臣。

然而,西征之后的左宗棠,虽然一直得到朝廷的优待,始终在肥缺要差上转，却再没干什么值得一提的事业。无论在公堂还是私邸，此老唯一热衷的事情，就是骂曾国藩。骂来骂去，就是那么几句车轱辘话，无非是说曾国藩假道学，虚伪，一张嘴，就是它。

见武官的时候骂，直骂得众将官耳朵出了茧子，非不得已不去见大帅；见文员的时候骂，直骂得下属禀报事情都没有机会；见外客还是骂，寒暄才毕，骂声旋起，一直骂到日落西山，最后随从不得已强行将茶杯塞进他的手里，高叫：送客！才算关上了老人家的话龙头（清朝官场的例行规矩，主人一端茶杯，即为送客之意，仆人马上叫：送客）。期间，客人一句话也插不进去，客人来是干什么的，是否有事，他一概不管。不仅如此，吃饭的时候要骂，人一入座就开始骂，直到所有的菜都上完了，他老人家还言如泉涌，结果是每个人都没吃好。睡觉之前也要骂，骂声成了他自编的催眠曲，每天都在自己的骂声中进入梦乡。

曾、左交恶一直是晚清史上的一段公案，孰是孰非即使在今天也一时难以公断。不过，两人之争，无非为了公事，彼此间并不存在什么私怨。就当时公论，一般舆论还是倾向于曾者多，偏于左者少。毕竟，在左宗棠事业的关键处，曾国藩都是支持而非拆台的。显然，于公于私，似乎左宗棠都没有必要跟曾国藩纠缠不清，甚至在曾死后还骂个不休。过去史家论及此处，往往归咎于左宗棠气量窄，脾气坏。其实，左宗棠骂曾国藩，虽然不乏嫉妒之意，因为朝野公论，曾在左上，但他自己在内心里也未必会像他嘴上说的那样，认为自己比曾强。晚清另一位大佬李鸿章晚年服了气，承认世上真正的大人先生只有他老师（曾国藩）一个。左宗棠相反，不仅没有服气，嘴上还不停地骂，然而这个显然过于反常的"骂人事业"，却暴露了他内心的无比焦虑。他心里明白，曾国藩是一座他无法逾越的高山，但一向心高气傲、目无余子的他，断然不可能像李鸿章那样放出软话。于是，唯一的出路就只有骂了。

中国从来就不乏能人，只是能人之间总是难以相能。曾、左、李之间，如果不是有个内修功夫好、识大体的曾国藩，晚清的中兴也许未可知。什么时候，像左宗棠这样的人学会了妥协，学会了相让，中国人就真的出息了。

历史的坏脾气

做皇帝的故事

古代的时候,中国人想做皇帝的人很多,从农夫到将相都有。自从小亭长刘邦见了秦始皇说"大丈夫当如是焉",以及种地的陈胜喊出"王侯将相宁有种乎"之后,大家好像突然都醒过来了一样,只要有点机会,就幻想着能当上皇帝。曹操扫平中原之后,很有点自负,说是如果没有他的话,不知有几人称王几人称帝。这话其实不假,黄巾余党不说,袁术家四世三公,深受汉室大恩,还不是私藏了传国玺,一不留神就想当皇帝。而曹操自己也未必就心地纯正,按陈琳的说法,此公属于"阉竖遗丑"——宦官没有割干净生下来的,门第虽然比袁家差得多,但他之所以没有逼汉献帝"禅让",只不过是因为时机还不成熟,怕孙权之流把他放在火炉上烤,只好自己做周文王,皇帝留给儿子做好了。明末清初的吴三桂,因红颜一怒,引清兵入关做了贰臣;做了贰臣之后反而不安分起来,为了保住自己藩王的地位跟新主子闹翻,打来打去,没成气候,眼看阳寿无多,临死前也要过一把皇帝瘾,在衡阳就地搭起竹棚,登基做起了皇帝,结果屁股没坐热就去见了地下的王——阎罗。

农民自陈胜、吴广之后,想做皇帝的人一直就不少。当然,有此非分之想的大多是那些不安分,又见过些世面,或者有点痞气的人物。太平天国农民起义的时候,北方中国也是遍地烽火,大小股的农民起义到处都是,称王称帝者不知凡几。不过多数的团伙都是从戏班子抢来戏衣,用唱戏的黄袍和王冠,装备自己的皇帝,用戏装的蟒袍玉带、铠甲硬靠,装备文武大臣。然后跟吴三桂一样,搭个大棚子就当是皇宫,然后就登基做皇帝。不过,这些草头皇帝登基之后头一项急务,都是大封三宫六院七十二妃,以便尽快享受美女环绕的艳福。至于到底能不能配齐三宫六院七十二妃,就要看这些起义者的实力,一般来说,十几二十几个总是找得到或者抢得到的。在这方面,他们显然比不上同时代的洪秀全,人家一口气大小老婆就娶了好几百,害得他总是摆不平小老婆之间的关系,争风吃醋闹得天王府翻了天,往往不得不求助东王杨秀清假装神灵附体,上帝下凡,为他处理家务事。

不光乱世农民争着当皇帝,太平年景,偷着做皇帝的也不少。明清时节,宣称具有无边法力的民间教门很是不少,教首借着三脚猫功夫的气功,再加上一些从儒释道那里抄来、从戏词里趸来的货色,一蒙就能蒙上一群人,给他上钱上货,甚至贡献女人,大家夜聚晓散,好不快活。他们中间的某些人,觉得做教首没有做皇帝过瘾,所以往往有利用教徒对自己的迷信，做起皇帝的，不敢公开搭棚子，就在自己家的土炕上穿着借来的戏衣"登基"。地方虽然窄点，但一样不耽误大封群臣，尤其不耽误封自己的三宫六院。不过，需要指出的是，太平年景称王称帝的人，往往只是自己过过皇帝瘾，并不真的想打上金銮殿，夺了鸟位。只是若让真的皇帝知道了，还是一样抓了砍头——其实有点冤。

在汉人文化圈里，皇帝无疑是一个很核心的文化要素，即使穷乡僻壤，愚夫愚妇，有谁能不知道皇帝呢？有个笑话说两个农夫在田里割稻，累得不行，一个说，皇帝割稻肯定是用金镰刀。另一个说，蠢货，皇帝哪里还用得着割稻，还不是在大树下面，西瓜吃吃，蒲扇摇摇。其实，这只是笑话而已，人们编出来取笑农民的，当不得真。实际上哪个时代的农民，会一点都不知道皇帝是怎么回事？自从有了戏曲之后，戏里总是演帝王将相，即使在农村，年节农闲，也要唱大戏的。别的不晓得，谁还不知道做皇帝的高高在上，别人都要冲他磕头，三呼万岁，居有宫，出有辇，说话金口玉牙，让谁死谁就活不了；最妙的是有许多如花似玉的老婆——三宫六院七十二妃，都是天下最美的女人中挑出来的。所以，凡是农民想要做皇帝，就比照着戏上的操练。

当然，农民如果不满足于做草头王、野皇帝，而且真的得了天下，那就得讲究一些了。当年从沛县起义的刘邦，土的程度跟陈胜、吴广也差不了多少，最多当过几天"大队干部"，起义以后，事情还没有眉目，就拼命地找女人、吃猪肉。英布来见，他一边一个女人在给他洗脚，张嘴就是粗话，一点礼数都不讲。看见儒生，更是不耐烦，抢过人家帽子就往里撒尿，活脱脱一个乡里的无赖。然而后来做了皇帝，发现跟原来的一帮屠狗杀猪的兄弟喝酒撒疯不成体统，这就用得着儒生了。叔孙通为他制定朝仪之后，宫里殿外，兵卫齐列，铠甲鲜明，旗帜飘飘，所有文武大臣排成两列，天不亮就在宫外候着。赞礼官说声"趋！"大家弓腰低头，一溜小碎步向前；说声"止！"则乖乖站着谁也不敢动。东向文，西向武，分两列在殿前站好。于是皇帝乘辇驾临，诸侯王、群臣按班次奉贺朝拜。礼毕，皇帝赐酒，酒过九巡，赞礼者高叫："罢酒！"整个仪式过程，群臣无不战战兢兢，不敢稍稍违仪，有动作不合式的，朝堂上虎视眈眈的御史立刻就将他们带走（估计没什么好果子吃）。朝礼罢，刘邦高兴地说，我今日才尝到了做皇帝的滋味啊。原来要过饭、当过和尚的朱元璋朱皇帝登基的时候，也一样排场得了不得。先是郊天祭地，算是请示过天公地母，承认了他做皇帝的合法性；然后由丞相率领群臣，跪请朱皇帝龙椅就坐，朱皇帝扭捏半晌，总算坐进了椅子；再由丞相跪进衮冕，为他穿戴停当，再捧上玉玺，送到朱皇帝手中；接过玉玺之后，群臣立刻拜贺舞蹈，三呼万岁，整个南京城鼓乐齐鸣，欢声震天。接下来，换上皇帝新装的朱元璋，由仪仗导引来到太庙，奉上宝册，追尊他们朱家四代种田的祖宗为帝，告祭社稷；然后回到奉天殿，升御座，接受百官朝贺，大家如仪舞蹈，三呼万岁。此时的朱元璋说没说刘邦当年的那句话，于史无征，但心里肯定受用极了。只有李自成没有出息，打下了北京，占了皇宫，却在偏殿登基，果然没几天就丢了天下。

可是，没有受过皇帝文化熏陶的少数民族，在皇帝问题上有时候就难免有点糊涂。金朝的开山祖完颜阿骨打，打下燕京（辽人的南京），识趣的燕京人打起皇帝专用的黄盖去迎接他；他说这东西只有一个，我们这么多人，谁用？于是扔在一边。将他迎进皇宫，请他坐龙椅，他还是说，就一把椅子，怎么坐？于是跟同去的人一起坐在台阶上。后来总算是可以坐龙椅了，但对于礼仪还是不明白。刚刚进入中原的女真人不呼万岁，他们认为人不可能活一万岁，极尽他们的想象，觉得活一百二十岁已经到顶了。所以，上朝的时候，他们就呼"一百二十岁"。其实不光刚进中原的女真人，就是已经接受了多年汉人统治的西南地区的苗人，也弄不懂皇帝的确切意思。清朝的时候，贵州的地方发现，苗人无论管多大的官，都叫"皇帝"，而北京城里真正的皇帝，则被叫作"京里老皇帝"。少数民族在皇帝问题上的糊涂，反衬出我们文化上皇权意识的强固。人家大人物都不明白的事情，我们小小百姓都门清。是文化上的先进呢，还是意味着别的什么？

欧洲直到现在，不少国家还存在王室，调查一下，希望王室继续存在的西方人还正经不少,但真正具有皇权意识的还是我们。我们的皇权意识,不仅在于大家在皇帝(或者大人物)面前,膝盖都有点软,碰到稍微像样一点的君主就会自动将权力交出,一任人家摆布;还在于凡是有点权力就想像皇帝那样行使,霸气冲天;更在于想当皇帝的人太多,连再平常不过的老百姓有的也有这种幻想。这对于西方人来说,真是匪夷所思,拿破仑一世说过,不想当将军的士兵不是好的士兵,但他绝对不会说,不想当皇帝的人不是好的人。因为即使在一度皇权鼎盛的法国,像他那样做皇帝梦而且还实现了的人也是凤毛麟角。更妙的是,我们在还没有当上的时候,摊上恶主了,抱怨固然要抱怨,但批判主子荒淫的时候,心里其实酸酸的。如果一旦像孙猴子说的那样,"皇帝轮流做,今年到我家"了,那么脸变得比谁都快,享受起来比谁都迫不及待,恨不得一天享尽天下美味和美色。

明朝的大儒王阳明说,去山中贼易,去心中贼难。成者王侯败者贼,其实帝王也是贼。

有为政府的代价

中国历史上的昏君，其实不见得个个都是昏庸之辈。乐不思蜀的阿斗和"何不食肉糜"的晋惠帝，毕竟是少数；其他即使如成天和嫔妃玩做买卖游戏的南朝东昏侯、整日只知道做木匠活的明熹宗，其实也就是心思没放到大事上去而已，要论智商，恐怕也未必很差。他们中间的某些人，恰恰是因为太聪明了，结果倒成了昏君，而且是比上面提到的诸公更有知名度的大个昏君，这个人就是隋炀帝杨广。

杨广之聪明多才，恐怕放到中国历史上所有明君行列中也不会逊色。他自己也认为，就算是跟士大夫们比才学，他也应该做皇帝的。话虽有点浮夸，但此公才学确实有，还在当皇子的时候，就跟士大夫诗赋唱和。从流传下来的诗作来看，多少有点意思，至少不像现在名气很大的清朝乾隆皇帝的御笔那么俗气。《隋书》上说他"好学，善属文，深沉严重，朝野属望"，应当说有点道理。杨广文才不错，武功也有那么点，隋平南陈，他是行军元帅，北却突厥，他还是出征的主帅，没有功劳也有苦劳，至少没有给将士们添乱。即使是痛贬他的史家，也不得不承认他"爰在弱龄，早有令闻，南平吴、会，北却匈奴，昆弟之中，独著声绩"。可是，造化就是这样弄人，被聪明所误的人，在聪明人中十有八九，隋炀帝杨广就是一个典型。

如果不聪明而且多才，恐怕杨广不会有那么多的大手笔的动作，后来让唐朝占了那么多年便宜。独享制度之利的制度创制，多半出于这个被后人骂为"炀"的皇帝，特别著名的是科举制度。正是这个制度，让中国的帝制有了世界上最完备和发达的官僚结构，被后世史学家许倬云誉为中国传统文化的三原色之一，让法国著名的史学家布罗代尔（Fernand Braudel）惊叹，怎么中国那么原始的帝制，却有了一个现代化的官僚制相伴。当然，调动几百万民工修东都洛阳，开凿大运河，以及兴百万大军屡次征伐辽东，也是他的大手笔。只是这样的大手笔，最终让他丢掉了江山社稷。

历史上没有哪个皇帝像他那样，做了如此多的遗惠后世的大动作，却因此身死名裂的。不仅科举制让后来的皇帝把天下英雄尽数纳入彀中，而且大运河也让后来的王朝尽享漕运之利，然而他得到的只有千古的骂名（只有秦始皇有点类似，但秦的江山不是丢在他自己手里，史家对他的评价有贬也有褒）。毋庸讳言，在当时，这些大手笔的施展对于社会生活的破坏是灾难性的。中国虽然有着发达的商业，但却从来没有形成过统一的市场，发展出成型的商业社会，国家也没有对应的制度和税收策略；中国也不完全是一个内陆国家，但海洋经济由于受到商业发展的限制，更是进不了国家战略的视线。所以，历代王朝都只能以小农经济作为立国的基础，而小农经济是经不起国家大手笔动作的。修建东都和大运河，成百万人耽误农时，消耗储备，一已为甚，何况再乎？农业民族，从本质上讲是不宜扩张的，对外战争，最高的限度是防卫性的。以秦始皇这样的雄才大略、挟灭六国之势，击走匈奴之后尚且得修长城，可见进攻态势之不可取。百万兵上阵远征，百万人沿途馈粮，幸而战胜，尚且难以预后，何况战败！说到底，中国不是一个商业国度，可以方便地集中资源，也需要靠武力维持商路的畅通；中国也不是一个海洋国家，无视海洋的运输之利，也想不到出海谋取更多的资源。在自己限定的框架里，只能量体裁衣，量入为出，否则就要出大麻烦。

当然，在史家眼里，这个亡国之君跟他的同类一样，有着雪崩式的道德败坏的经历，矫情作假、荒淫无耻、挥霍无度、任用奸佞，等等。野史小说更是把杨广说得像恶魔一般：弑父杀兄、淫母奸嫂、杀人取乐，甚至还近乎色情地描写他坐着羊车在众多宫姬住处之间游走，为了能得到他的临幸，宫姬们竞相在门口堆满羊爱吃的食物。尽管后者荒诞得有点像后现代先锋派小说，但实际上两者都是暗示隋朝二世而亡的原因，就在于隋炀帝的品质和道德的败坏。事实上，隋炀帝的奢费并没有耗尽国家的储备，而隋朝从仓储之粮满盈，到饿殍满眼的转变，恰是因为他动机看起来还不算坏的大手笔。

"治大国若烹小鲜"这句格言，言外之意就是不能乱折腾、大折腾，老是翻锅。老子的这句话自从两千多年前说了以后，相信历代稍微明智一点的君主，都是铭记在心的。

"胭脂虎"和夫人路线

中国古代是典型的父权制的社会,男人怕老婆,原是要招笑的。但无论什么时代,总免不了要出一大批怕老婆的典型,连贵为"天下之大父"的皇帝老子也不例外。否则,我们的笑话库就要少很多材料了。

皇帝怕老婆,以隋唐为最。大概是西晋末年,塞外的少数民族纷纷登上中原的舞台之后,他们没有汉人那么多的礼教讲究,中原社会连同颇为得意的妇人之道,都被冲得七零八落,妇女们多少有点扬眉吐气的感觉。我们的正史说,北朝嫁妇,先教使妒,说什么也不许丈夫纳妾,丈夫的家,至少要当一半多。接下来,隋朝杨家一统南北,据说是重光了汉家文物,但三从四德的妇道却依然阙如。隋文帝杨坚,就有一位强悍的皇后独孤氏,经常把杨坚管得一愣一愣的,苦不堪言。有次好不容易偷偷搞上了两个小妞,席不暇暖,即被独孤知道,马上将两个"狐狸精"逮去弄死。杨坚知道后,策马狂奔,说是皇帝不做了,做离家出走之状,结果被大臣拼命拦住,死拉活劝。眼见出走不成,杨坚长叹一声:吾贵为天子,不得自由!据说,这就是汉语"自由"一词的最早出典。

进入唐朝之后,一世英雄的唐太宗李世民偏有一个豆腐性的儿子李治,而偏又是这个儿子继承了皇位。于是,皇帝惧内的故事在唐朝有了更辉煌的续篇。我们知道,在续篇中,李治贤内助表现得更加出色,心也更黑,手更辣。不仅管皇帝的后宫,而且大模大样地把手伸到了前台,替高宗皇帝管了天下,连上朝都要并排坐,"朝中并称二圣"。

独孤氏和武则天这两位"母仪天下"的顶级河东狮吼,虽说碰倒醋缸的时候未免手辣心狠,但一个内部治理,一个内外兼治,把夫人政治搞得红红火火。以后人观之,国家治理的效果还算不错,至少王朝的政治并不因此而浑浊,国家上下也算太平。不过,夫人政治流风所及,大家群起效法,固然使女界扬威,但也难免出点流弊。据《隋唐嘉话》载,杨弘武曾为唐高宗时的吏部尚书,在杨大人当家的任上,高宗发现,经常有些莫名其妙的人被授予官职。于是一次问杨尚书:某人为什么要授某职?杨弘武回答说:我的老婆韦氏特别凶悍,昨天特意嘱咐让我给人家这个官职,我不敢不给,否则后患无穷。

韦氏替老公选官,到底是收了人家钱财,还是为娘家的亲戚办事,我们不得而知,但不大正大光明是肯定了的。能把这种坚决执行夫人路线的事情跟皇帝坦白出来,不说明杨某人的胆量,只表明夫人政治的雌威,已经浸及"干部队伍"的选拔。露出来的有,不敢坦白如斯者不知凡几。就在此事发生的同时代,"干部队伍"里还有个陆慎言,在做尉氏县令的时候,老婆朱氏,居然公开替他治理县境,心贪手还黑,老百姓称之为"胭脂虎"。

唐以后,女人被逐渐兴起的理学弄得灰头土脸,夫人政治不得已转入地下,除了个别命好的熬到太后资格,基本不再敢公开干政。

民国是个讲女权的时代,头面人物的夫人往往风头很劲,像蒋夫人宋美龄、汪夫人陈璧君之类,抛头露面的机会几乎不让夫君,夫人政治再次浮出水面。不过,这些光彩照人的夫人们,毕竟还没有正式的行政职务,夫人政治还只是在枕边和闺房之内起作用,跟隋唐时代差不多。

女人当家好不好?这个问题显然并不只有"牝鸡司晨"这一种答案。古往今来,从平头百姓到阀阅之家,再到皇宫那个巨大无比的大家,女人当家,当得好的有,不好的也有。只是,人们要解决的是制度上对女性的不公正的排斥,而不是提倡或者默许女人的非制度的干政。不管有多大的不公平,不在其位的女性,最好还是不谋其政的好。否则固然不排除有干政干得好的,但也更为徇私舞弊开了方便之门。

事实上,哪个时代的男人们,对于抨击女人干政从来都不遗余力,但却一直没能将夫人路线的后门关上。政坛上走夫人路线，从来都是制度外的一条终南捷径，什么事情办不明白了，或者要官要不到的时候，走走当政男人的夫人或者任何一个心爱女人的门路，都可以收到奇效。夫人路线只要走起来，就难免跟行贿受贿、买官鬻爵纠缠不清。大家都知道晚清的光绪皇帝是个可怜人，最好的光景也只有一点小权。然而就是这么一点小权，也有人惦记着走他身边女人的路线。现在文学作品上极正面的珍妃，当时其实也替人吹过升官的枕边风。

其实，只要制度有空子可钻，就会有人钻。至于钻什么门路，本是个次一等的问题。除了夫人路线，还有亲友路线、娈童路线，等等，都是可以走的。

名人肚子的故事

在中国历史上，名人有肚子的不少。那个差点送了唐朝性命的胡将安禄山据说肚子很大，几乎拖到了膝上，跟现在的很多美国大胖子一个水平。一次入朝，唐明皇跟他开玩笑，说，如许大的肚子，里面装的什么东西？安禄山应声答道：都是对陛下的忠心。宋朝的文人苏轼苏东坡肚子也大，在他还没有彻底倒运、被发配到海南之前，有一次跟家中的歌妓饮酒，拍着自己的大肚皮，问歌妓们，说你们猜猜看，我这肚子里装的是什么东西？大家有的猜是学问，有的猜是经纶，有的猜是智慧，可苏东坡最喜欢的一个妓儿朝云却说，相公肚皮里没有别的，只有一肚皮的不合时宜。

安禄山的一肚皮忠心，很快就露了馅。"渔阳鼙鼓动地来"，安禄山拖着他那大肚子，带着精锐的亲军"曳落河"反上长安了。最后虽然没有把唐朝江山推倒，却也害得一直信任他的唐明皇丢了皇位，跑到了巴山蜀水吃老米。被安禄山认作干娘的杨贵妃，遭际最惨，"宛转蛾眉马前死"，从此让爱她的风流皇帝茶饭不宁。这还不算，看似铁桶的唐朝江山从此风雨飘摇，一天不如一天。当然，安禄山自己也没落个好。好像就是要印证一下他当年的话，造反了若干年后的安禄山被亲信奴才在肚皮上捅了一刀，流出臭肠数斗，死了。

安禄山肚皮里的忠心是假的，但苏东坡肚皮里的不合时宜倒是货真价实。自从出道以来，虽然才高八斗，名震京师，但为官处事却总是好唱反调。王安石变法的时候，他对改革提出质疑；到了旧党复辟，司马光主政了，他又反对尽废新法。弄得两面不讨好，旧党新党都不待见。官越做越小，直至被发到烟瘴之地的海南，吃香蕉去也。

古往今来，凡是自称自己怎么怎么好的人都有些可疑，宣称自己的忠心如何就更是靠不住。反过来，倒是那些总是唱反调，一肚皮不合时宜的人，很有可能是些真正值得信赖的，至少他不会是害人的家伙。可是，古往今来，有点权势的主儿，却总是迷惑于某些人的自我表白。前车颠进去了，后车依然前进如故，等到明白了，什么都晚了。世界上，像安禄山这样，最后被人捅漏了肚皮的恶人恶报并不多，往往是恶人纷纷遂了好愿，一个个把先前的表白对象当了垫脚石，发达去也。喜欢听好话，不喜闻恶言，是人性的弱点。越是身居高位，其弱点就越是突出，不是他们不明白，而是他们不乐意明白。

据说唐明皇逃到四川之后，一次说起他过去的这些臣子，谁好谁坏，一清二楚。旁边的人忍不住问道：那陛下当初干什么去了？唐明皇一声不响，只有叹气。

吃溺与排场

做官就要有排场，古今一理。排场不动身是显不出来的，只要官身一动，前呼后拥自是不在话下，接待的阵势也是暴土扬尘，响遏行云。古人说当大官的出行是"四大天地"：出来时是惊天动地，到了以后是昏天黑地，老百姓是哭天喊地，走了以后大家欢天喜地。其实，出来行走的和接待的官儿们都知道，接待的排场，其实更多的只是虚荣，如果真讲实惠，那么把花的银子直接给了出来走动的官岂不更好？然而，不。从来中国的官场都是精神、物质两手抓，钱要，排场更得要。不然的话，这个官做得岂不是锦衣夜行，怎么样去耀祖光宗？

不过，既然接待排场主要是满足被接待者的精神享受，那么，接待的时候形式肯定要重于内容。接待的规格越高，形式越是讲究，从具体办事人员到能见到高官面的地方官，层级越多，里面的猫腻也就越多。不仅操办接待的借被接待者的名义捞满了荷包，而且被接待者，有时候也难免在至恭至敬的招待中吃了瘪。清人陈其元在《庸闲斋笔记》中，记载了一件据说是他的祖父亲眼所见的事情。说是嘉庆初年（其时，乾隆尚在，虽为太上皇，但大权在握），福康安出巡。福康安据说是乾隆的私生子，乾隆爱屋及乌，对这个一表人才的宝贝喜欢得了不得。自打生下来，好事都是他的，坏事都是别人的，几件安邦定国的大功劳，虽然都是别人立的，但都归在他的名下；官封到最大，爵也封到极顶，权倾朝野，在当时，其实比那个"天下第一贪"和珅还要神气威风。所以，他的出行，自然也是轰轰烈烈的"四大天地"，沿途州县极尽逢迎之能事，恨不得把官衙卖了也要把福王爷伺候好。福康安有一好，走到哪儿都要吃白肉片（今天我们封为满族宫廷菜的氽白肉）。这白肉片非得用精选全猪，整个放锅里慢慢煨熟，方才合适。一次，途经四川的一个驿站，上面早就吩咐厨子安排大锅煮上全猪。在福康安快要到的时候，厨子突然爬上大锅，解开裤子就向锅里撒尿。旁边的人大惊，厨子说，忘了买硝，只好拿这个顶了。

故事的结尾是富有喜剧色彩的，福康安大人吃过下了尿的白肉片之后，居然感觉甚好，说是一路上也没有吃过这么好吃的白肉片，因此赏了厨子一匹绸缎。

后来福康安是否知道自己其实吃了厨子的尿？我们不得而知，但有一点是可以肯定的，古往今来的办接待差的人们，心里都知道，他们为官老爷安排的排场，有多少是蒙人的。

吃了下人尿的故事，还会延续。

一副急泪

大权在握者总免不了有几分横劲,尤其是当他发现这个权力可以横扫一切的时候。项羽说,富贵不还乡,如锦衣夜行(意思是显摆不起来)。而对于某些官员来说,有权不耍横,也是等于锦衣夜行。能颐使气指,呵仆骂从,跺一跺脚,让某个地方的地皮连同地上的人乱颤,而不跺脚的时候,周围的人都仰着脖子看你,这才是做官的过瘾处。至于人所共愤的贪污受贿什么的,其实只是这种横劲的自然延伸,权都来了,钱还远吗?很可能许多做官的开始并没有有意要当一个贪官,权一大,横起来,自然钱就飞来了,想不拿都难。

在中国这个国家,产生权力的崇拜甚至迷信是难免的。君不见,福禄寿三星,除了寿星佬光头,看不出身份外,剩下两位都是官帽子,有位据说还是什么"天官"(传说的吏部尚书)。有钱能使鬼推磨,那是没权的人才说的话,有权的人从来都信有权就有一切,钱算什么"阿物"?不,西晋的大司徒王衍已经命名了:"阿堵物"。也许正因为有钱的不及有权的威风,所以人家司徒大老爷才硬是口不言钱。在中国,死了娘老子是需要有哭声的，如果孝子们哭不出来的话，则需要花钱买，有专业的"哭丧人"可以替哭。可是碰上有权的横主儿，这专业的"哭丧人"可就没钱赚了，自有大批的下属自动地来替哭。不仅官老爷的娘老子翘辫子会有人来哭，就是老爷的狗，不，爱犬死了，也一样有人涕泪交加，昏迷苫块。

这种事情说起来似乎是恶心而且新鲜，但细究起来，实际上也是古人玩剩下的。南北朝时期，南齐最后一个皇帝东昏侯，就干过这等事。一次，南朝小皇帝爱妃早早地归了天，多情的皇帝下令朝中大臣一起前去送葬。可能是嫌现场哭声不够响亮，气氛不够悲戚，于是下诏，哭得哀痛者升官三级。某官闻言放声大哭，泪流满面，涕涂一手加一地，在大家目瞪口呆之际，升了上去。完事后，有人不服，问这位：你哪儿来这副急泪？这位回答说：啊，我自哭我家亡妾耳！

看来，自己死了亲人，不管是娘老子还是爱子或者爱犬，真要是伤心还是自己哭好，别家的眼泪多半都靠不住。古语道，凡为官家，娘老子死了挤破门，自己死了没人问。

还别不信，不信试试，真死不行，装一回也行。

鸡犬升天之后

中国人中被传得道升天的人很多,刘安是其中最为奇特的一位。据说他上天之后舍不得家里的鸡犬,成天茶饭不宁。没奈何,安排他上天的神仙又费心将他家的鸡鸭鹅狗统统带上天。另一种说法是刘安在将升未升之际,将丹药撒在地上,结果家中的鸡犬吃了也升了上去。按前一种说法,刘安不过是个"有道"的土佬;按后一种说法,刘安就是汉代那个风流儒雅的淮南王,好客,好书,也好神仙方术,但是还是没有能逃脱宫廷斗争的牵累,死于非命。显然,人们更喜欢的还是前一个刘安,虽然土得掉渣,但的确可爱煞人。人们说起"一人得道,鸡犬升天"成语的时候,想到的多半是这个土佬刘安。只不过,后世的人们在引用这个成语的时候,已经在很大程度上篡改了刘安同志的光辉事迹,每每用它比喻一个人做了官发了财,家人亲戚统统跟着沾光的现象。

在当下的语境里,"鸡犬升天"基本上属于贬义,安到谁头上,都跟骂差不多。不过,话又说回来,人们在说谁家鸡犬升天的时候,其实话里话外多少是有几分艳羡、几分醋意,比酸葡萄味还要重些。在一个以家庭或者家族为本位的古代社会里，发达者照顾家族和亲戚，本是理所应当之事。所以看见鸡犬升天的事情，贬固然是要贬的，但骨子里未必就不赞成，只要自家有机会，总是免不了要实践一下鸡犬升天的境界。只是在这个境界里，发达者和他攀龙附凤的亲戚心境有所不同。想攀的人实践鸡犬升天的心情更迫切些，恨不得一步登天，而被攀的感觉相对复杂，一则有荣耀之感，二则有时也难免会被拖累得暗暗叫苦。我们自古以来推崇"有福同享，有难同当"，有光，亲戚之间沾一点或者更多，好像历来是理所应当的。如果有光不让亲戚沾，那倒是要有点勇气，即使那些亲戚并没有跟你有难同当，甚至还落井下过石，到时候人家来沾光，似乎也没什么不应该的。显然是只要一人得了道，那么鸡犬自然就会一拥而上，跟着升天去也。

同样的道理，几个志同道合的好朋友一起创业，共患难的时候，大家往往齐心合力（亲戚自然不会沾边），一到渡过难关发达起来，轮到同享福了，却往往会起分歧，最后不闹得乌眼鸡似的你死我活，就算幸事。因为一旦有福可享了，各自的身边就有各自的亲戚了，鸡犬来了，鹅鸭也来了。时间一长，原来的患难兄弟就分成各自的亲戚集团，再在一起共事，想不起意见都难。

鲁迅在谈到袁世凯的时候说过，中国的猛人身边总有一批包围者，事都坏在包围者身上，围垮了一个猛人，大家再围另一个。其实，猛人最贴身的包围者就是自己家的鸡犬，比如袁世凯称帝，那个连报纸（《顺天时报》）都伪造好了送给他看的人，就是他的犬子袁克定。

所以，中国人是相当聪明的，当年编这鸡犬升天传说的人，就已经知道这升天的结果好不了。所以，他们给刘安安排了一个啼笑皆非的结局，说是刘安升天以后，不谙礼数，"起坐不恭"，于是被人弹劾，要受惩罚，幸亏有人（仙）说情，才算放过，但仍然被安排去看厕所。有人知道这个结局之后，还写诗质疑刘安："身与仙人守都厕，可能鸡犬得长生？"（见周密：《齐东野语》卷十）大概刘安升天以后，一群鸡鸭鹅狗成天跟着，四处聒噪，四下方便，弄得天界大乱，噪音超标，卫生不达标，因此才会将刘安同志发到环卫部门去，让他将功补过。刘安命运如此，那些跟上天的鸡犬呢？书上没说。不过，我想，既然连刘安都差点受到惩罚，免罚之后，还被打入另册看厕所，这些惹祸了的鸡犬，如果不赶紧逃下界来的话，那么很可能要进仙人的厨房了。

看来，从鸡犬升天到任人唯亲，再到家散人尽，这样的三部曲从古时候就开始在演了。

排名的重要性

唐朝的安史之乱是每个读过中学的人都知道的历史事件，其中的核心人物是安禄山和史思明。两人均出身于丝绸之路上的胡族，不仅好武，而且擅长经商，在喜好用胡人为将的唐朝，靠的是武功起家，但心机却一点也不少。安禄山攀上"三千宠爱在一身"的杨贵妃，为此，老大不小的他居然拜杨贵妃为母。进宫来，故意做戏式地先拜贵妃，后拜皇帝，说是胡俗重母，其实是变着法地讨皇帝的欢心。史思明没有这等软功夫，但也曾让唐玄宗抚背长叹，感慨良多，大概是找了个机会让皇帝看见了自己身上的伤痕。安、史在历史上，属于那种造反而没有成功的人物，评价特次，所有的脏水都来了，给人印象是浑得要死。其实，这种能把唐朝从鼎盛一棍子打下来的人，就算是浑，也多少有点过人之处。

安、史都是武夫和老粗，不过，老粗在唐朝那种遍地是诗的环境里，也未必能耐得住。果然，当他们打两都树起大燕国号之后，居然也作起诗来了。说的是一日史思明在东都洛阳尝了新摘下来的樱桃，感觉甚好，忽然诗兴大发，赋诗一首，诗云："樱桃一篮子，半青一半黄，一半寄怀王，一半寄周贽。"（怀王是他的儿子史朝义，周贽据说是他儿子的老师）写完之后，遍示群臣，左右群臣都说好。半响，有一人嘟囔道，好是好，不过，要将第三句和第四句调一下，也许就合辙押韵了。不想，史思明听罢大怒，说：你胡说，怎么能让周贽压在我的儿子之上呢！？此人脑袋是否因此丢了，书上没讲，估计没有什么好果子吃。

很久以来，人们一直把史思明的这个逸闻当成笑话，其实，笑话固然是笑话，但其中未必没有一点道理。史思明不肯改诗，里面有个排名先后的问题，而所谓的排名，实质是个礼仪秩序的问题。要知道，此时的史思明既不是当年在边境游荡的小卒，也不是玄宗手下总是生事的边将。他已经打到长安，做了大燕国的柱石。昔日刘邦一介没有见过世面的小小亭长，做了皇帝也知道礼仪的重要，何况安、史反的时候已经当了唐朝这么多年的重臣，也不知随班参见了多少次，岂有不知排名重要性的道理？从另一方面说，就算安禄山对此不明白，但安禄山手下，不乏文人学士，连当时名满天下的大诗人王维，不也被他网罗在帐下，其中懂得朝廷礼仪的自然不在少数，自然要教会安、史点什么，否则他们存在的价值何在？当年刘邦打天下的时候，儒生叔孙通百无一用，好不容易出个主意封六国，之后还被证明是馊的。结果到了天下已定的时候，当年的高阳酒徒摇身一变为制礼的博士，才有了用武之地。

历史告诉我们,不论是流氓还是草寇,登基做了皇帝,自然都要讲礼仪、排班次。即使他不讲,群臣也要劝他讲或者说逼他讲。礼仪的要紧处,就在于等级排名,在公共场合露面,文武两班,班次森严,地位、官阶、资格一路排下来,谁在先谁在后,半点也错不得。礼是仪式,更是秩序,秩序就要讲排名。不论排名,上下位置乱起来,天下也就乱了。作诗也要政治挂帅,你怎么能让人家把自己的儿子排在周贽的下面!

不过,史思明毕竟还是个武夫,虽然对排名非常敏感,也粗知"文化建设"的重要性,亲自出面吟诗,大有偃武修文之势。但却不知道这种"建设",其实是可以作假的,自己作不好诗,让手下的文人代笔就是,当时没人敢追究真假,后世则莫辨其真假,落到谁的名下就是谁的。后来的宋太祖赵匡胤也是一介舞枪弄棒的武夫,可是人家传下来的几首诗,都合辙押韵,中规中矩的,后世又有谁能说得清到底是谁的手笔?当然,现在我们这么说,多少有点苛责人家史将军的意思。人一旦坐到了一人之下万人之上的位置,能对自己有清醒的认识就难了。史思明做了诗敢于遍示群臣,就说明人家觉得自己的诗做得好,不允许下面的人除了叫好之外,再说三道四,这也是一种自信,有了这种自信,当然也就不屑于劳人代笔了。

尊严与权力

在中国，一个人但凡有点权力，总是喜欢将权力延伸到原本不该进去的地方，损伤甚至干脆打掉被管者的尊严，据说只有这样，才算尝到了权力的滋味。小时候，每当犯了错误又不肯轻易认账时，老师往往会冷不防地在同班同学面前，将平时侦查到的你所有的隐私，一股脑公布出来，让你感觉被猛然剥成了一丝不挂似的示众，恨无地缝可钻。大了以后，发现当众剥人衣服的事情仍然在继续，只不过变成了"斗私批修"和批判会，不仅领导剥群众剥，还要你自己剥。

近几十年来，政治运动风光不再，可是权力依然威风八面，只要人家管着你，总是有办法让你时不时地尝一尝屈辱的滋味。公司发给员工薪水，本是劳动合同中的应有之意，但有些老板就是喜欢把这个过程变成吃嗟来之食；上下级之间，本是一种工作关系，但在有些地方往往变成了主奴搭配。过去奴隶制的时候，主人只要求奴才服从，并不一定要求奴才用谀词歌颂他们，可现在，下级不仅需要无条件地服从上级，而且还时常要忍受上级劈头盖脸的责骂，并向上级奉献阿谀之词。尽管多数领导未必不知道人家的好话不一定是真的，但多数人都爱这口，而且利用权力去要这口。从前，如果一个人不善逢迎，也许只是难以升迁而已，现在如果拒绝逢迎上级，就有受到惩罚甚至丢掉饭碗的威胁。不过，事情总是平衡的。被下级马屁拍足了的人，见到他的上级，也就是这么拍，辱骂下级的主儿，碰见自己上级不顺气，同样要被骂得一佛出世，二佛涅槃，回家找不着北。权力肆虐的地方，没有人可以有尊严。

无原则的吹捧和没有道理的责骂，是一对伴生物，有权力的肆虐就有这种东西孳生。因为人们喜欢奴才，这种喜欢，有时候说起来好像也不是一点道理都没有。虽然人们大抵都知道奴才在使用效率上有点问题，除了拍马没有什么本事，但在上面的人却都以为奴才比较忠诚，用起来顺手。北洋军阀自袁世凯以下，对下属都有一种不打不骂不升迁的惯例，想要提拔某人，就无缘无故地赏之一通耳光外加辱及先人的臭骂，如果对方贴然接受，则视为"效忠检验"合格，不日即可加官了。然而事实告诉我们，这种效忠检验是根本靠不住的，恰是那些任打任骂、无条件服从的人，在关键时刻都变成了倒戈将军。

可是，如果我们把北洋军阀的故事，再搭配上莎士比亚的《李尔王》，统统讲给那些选择接班人的当权者听，有用吗？没有。他们依然会按照惯例和自己的感觉，在针对自己的拍马比赛中选择接班人。历史有意思的地方就在这里，人们往往不是一代一代地演着新鲜的故事，而是偏要把那些老掉牙的旧事，演了一遍又一遍。否则，司马光老先生就用不着劳神费力去编《资治通鉴》给皇帝看了（其实编了也没用，旧戏还是照样演）。

其实，权力的产生，是跟暴力和征服分不开的，而所谓的征服，当然不仅意味着肉体的控制，也意味着对被征服者精神的摧折。从某种意义上说，被征服者灵与肉的服从，意味着权力施用产生的效果。其屈服程度越高，权力的效果就越佳，从权力所有者的角度来说，其心理的满足感也就越强。正因为如此，中国尽管有儒家学说"仁政"的影响，暴力的底色依然难以消褪，一不留神，暴君就冒出来了。在暴君的心理中，折辱人，打掉人的尊严，无疑是一种非常快意的事情。

现在的世界，虽然君主制基本上消亡了，皇帝也早就不存在了，但暴君的心理却依然在我们的文化基因中，一代代遗传着。就像我们把某些具有专制作风的人说成是土皇帝一样，程度不等的"暴君"实际上并没有消失。更可怕的是，大量并没有政治权力的普通人，也可能具有暴君的心理，他们对子女（可能以爱的名义）和对比他们更弱的人，也一样折辱；他们痛恨甚至私下痛骂暴君，只是因为眼下没有机会做暴君。所以，任何单位都会出现这样的循环，当年被折辱的人，有朝一日上了台，不仅照抄他当年所痛恨的一切，而且还推陈出新，以青蓝之姿，展现在昔日的同事面前。

权力摧折人的尊严，最终伤害的是人的羞恶之心，人只有没有了羞恶之心，才能做到对任何羞辱都贴然接受，到达"厚黑"的境地。历史证明，这样的人，混得好，但破坏性也是最大，什么坏事恶事都可以做得出来。如果人人都没有了尊严，那么世界也就不像个人的世界了。

中国人都是皇帝的粉丝，为何皇朝还会易姓？

中国是一个具有两千多年帝制传统的国家，中国人也的确对皇帝具有特殊的感情。按照现在流行的说法，可以说，中国人都是皇帝的粉丝。即使是打算要造反的人，在最初的时候，每每也是反贪官不反皇帝。王朝政治再昏乱，老百姓也大多只怪眼前的官员。就算有证据证明皇帝也昏了，他们还是会说，那是因为奸臣当道，蒙蔽了君主。

天高皇帝远，距离产生美，只是一个方面。更重要的是，无论士农工商，所有人打心眼里不希望皇帝太差。皇帝过于昏乱而产生的后果，没有人乐意承担，也承担不了。在一般情况下，一个大体过得去的皇帝的存在，是时局稳定的秤砣，不到万不得已，没有人乐意没了这个秤砣，哪怕是暂时的。

但是，既然如此依恋皇帝，那么，为何中国的历史还是一个不断江山改姓的历史？不像日本和欧洲的神圣罗马帝国，前者一千多年，后者也有七八百年，就是一家人家在做君主。朝代更迭最频繁的时代，是五代，五个朝代，一共才活了51年，平均下来，每个朝代寿命仅仅10年多一点点。

这个秘密就是，日本和神圣罗马帝国是封建制，天皇或者皇帝，仅仅是国中的共主，下面有诸多的政治实体，具体治民者，不是这个共主。这个共主，相当弱势，他们的存在，更多具有象征性的意义。而中国的皇帝，除了极个别权臣当道的情况，都是天下的独主、唯一的权威。所有的统治层级，都是行政性的，官员不过是皇帝的雇员，替皇帝治理天下万民。

一方面，具体权力很大，但却在打理别人家产的官员，容易生出为自己牟利的动机，皇帝为了让官员为自己服务，也不得不部分地放纵官员为自己捞好处，所谓用腐败换取忠诚。一代代下来，官员的腐败和机构的膨胀低效率，都会成为不治之症。另一方面，世袭制下的皇帝，贤与不肖，参差不齐，摊上一个昏君，在皇权理论上无限制的条件下，放肆地行使最高权力，很容易制造全局性的错误，甚至导致崩盘。在这种情况下，皇权制度又规定了，人们根本无法纠正之，除非换人，但不采用暴力颠覆，又换不了人。在这种局面到来之际，人们只能眼看着昏君把制度给拖死。

所以，每个王朝都摆脱不了其兴也勃、其亡也忽的周期律。除非像黄炎培和毛泽东在延安窑洞对话说的那样，换制度。如果硬是不换，就还是这个周期律。

没错，中国人都是皇帝的粉丝，但却不一定是某个具体皇帝的粉丝。一旦到了不得不换的时候，没有多少人会心疼那个即将被换掉的皇帝。崇祯吊死在煤山,如果有群臣和百姓拦一拦,他还能成功吊死吗?不会的。但是,那时的北京人,已经一门心思准备迎闯王了。只是等闯王到了,才知道他更不靠谱。可是,大明江山,已经彻底完了。

大清也是一样,这边隆裕皇太后还抱着小皇帝开御前会议呢,那边革命党人彭家珍一颗炸弹炸死了良弼,满朝文武就全散了,再召集开会,连满族亲贵都躲到天津租界了,一个人都不见。北京的老百姓,也没说站在宫门口力挺皇帝,也一样人影不见。

粉丝靠不住,任何时候,都是一样。

财富,模糊的边界

中国在很长的一段时间里,大约两千多年吧,使用的货币是一种外圆内方的铜钱(可能从秦五铢就开始了)。将钱做成这副模样,当然有浇铸之后方便加工的意思,但也暗含着国人对宇宙的认识——天圆地方,从某种程度上说,一枚小小的铜钱,蕴涵了天地宇宙。晋人鲁褒《钱神论》言道,"体圆应乾,孔方效地",即此之谓也。不过,这样一来虽然气魄够大,可也有麻烦,因为宇宙在中国人认识中还有另外一副模样,那就是混沌,所以连带着钱这种财富的表征,也不免混沌起来。也就是说,财富的所有权含糊不清。

就拿传统的中国人认为最稳定的土地所有权来说,虽说早就有了土地的自由买卖,张家买李家的地,请来中人,写好契约文书,方位标志一清二楚,连一个垄沟都不错,地契在谁那里,地就是谁的,哪怕你多年不在,地还是你的。明清之际江南盛行永佃权,田地权(所有权)和田面权(使用权)分得清清楚楚,可以分别典卖,按说物权是清晰的了吧?可是且慢,一旦到了更高的政治层面——"普天之下,莫非王土"，真要是政府因"国家需要"看上了谁家的土地，那么二话没有，你就得让出来。仁慈一点的还有点补偿，横的主儿，连象征性的补偿都没有，好在这样的事情并不太多。但是至少在理论上，古代中国的土地所有权是含糊的。

连脚下最坚实的土地都如此，其他的财产的边界就更糊涂。中国人一向号称以农立国，但几乎人人都爱经商，也会经商，富可敌国的巨贾自不消说，农夫村妇也断不了推着挑着挽着篮子去赶集。挣来的钱虽然在一般情况下是自己的，但是如果倒霉赶上了贪虐的官儿和暴虐的皇帝，那可就说不定了。一个小小的芝麻官七品县令，想要让一个有钱的主儿倾家荡产，从来就不是什么难事，要不然怎么会有"破家县令"这个说法呢？秦汉时候皇帝一有急需，就拿有"市籍"的商人开刀，商人的钱就变成了国家的钱。

后来"市籍"这种贱民称号消失了，但商人地位依然不高，挣得的家产还是不保险。于是讲究一点的，赚了银子就去买地，让自己变成地主，然后课子读书，考试进入仕途；性急的干脆大把银子买个官当，直接混入捐班的行列。总之是让自己或者子孙从铁砧化为铁锤，重则让人家破家，轻则保自己的家。但是做了官就可以确保家产无忧吗？好像也未必。政坛风云，宦海沉浮，一不留神，罢官抄家也是司空见惯寻常事。石崇富甲天下，连皇帝帮着自己的舅家王恺跟他斗富都斗不过。他家的厕所里花团锦簇，香气扑鼻，有美婢

24小时值班，高捧手纸伺候，害得客人进去以为误闯了内室。结果呢？风向一变，照样家产籍没，身首异处，最心爱的歌妓绿珠也被连累得跳了楼。当然，如果都像清朝的三朝元老曹振镛一样（此公有盐商的家庭底子），天天多磕头少说话，安享富贵的可能性显然要大一点，但同样不等于进了保险箱。比如和珅吧，虽然已经被眼下的媒体炒成了天下第一巨贪，好像十恶不赦的样子，其实此公八面玲珑，不光只讨乾隆皇帝的欢心。钱是捞了不少，不过大多出于人家的主动孝敬。然而，和珅多年攒下的家当，在他有生之年并没有姓他钮祜禄氏，而是被后来的皇帝嘉庆拿去了。原因呢，当然有十大罪状，但真正的原由大概就像朱维铮先生说的，连年剿五省白莲教起义，剿得国库空虚，害得嘉庆心里空落落的，只好来个"和珅跌倒，嘉庆吃饱"。其实也就是半饱，君不见，从此以后，嘉庆再也没有像他爹一样南巡找乐子了。

最要命的是，相当多对私有财产的剥夺，都有着相当正当的理由。因为我们的文化里有道德意味过于强大的"公"与"私"的概念。那个出过"何不食肉糜"笑话的昏君晋惠帝，听见虾蟆叫，问道："为公乎，为私乎？"看来他并不是真的糊涂，王朝政治的要害就是这么点事，无非是公乎私乎，公私要平衡了，国家也就太平了。只是平衡说说容易，做起来却难。国家不言而喻地体现着"公"的一面，由公而剥夺私，即使手段不那么光明，道理上也是可以说得过去的。有的时候，所有的鬼魅行径，只要挂上了公的招牌，就可以堂皇地行来，官吏们假公济私自然也就难免。可是说到底，哪个时代的"公"其实也掺了百分之八九十的"私"，皇帝以天下为家，天下也多少有皇家家产的意思。君不见，昔日的沛上无赖刘邦做了皇帝，就跟他老子吹牛，说是你从前老说我没有我家老二能置家业，现在看谁挣的家业大？

古往今来，老百姓都知道这个道理，无论是汉朝还是唐朝，都认为那是刘家和李家的天下，也都认可刘家和李家对他们土地财产的征用。只要这种事情别太频繁，别太无度。当然，那些当官的更是认可来自皇权的"公"的肆虐，落难倒霉的时候，无论有多大的脾气，都只能眼睁睁地看着家产被抄走。明朝万历年间有过不小的作为，也捞了不少钱财的张居正，得意的时候日食万钱还说没有下箸处，死后家产被抄，一家十几口人被关在一间屋子里活活饿死，竟没有一个人有过冲出来想点办法的念头。

其实，就是在私的领域，财产权也不那么清楚。一个人只要有点出息，家族的负担马上加重，人人都认为可以沾上点光，手里有点银子，需要管的人就多。实际上，几乎每个做官的，后面都要管一大家族的人（叫他们怎么做清官！）。利益均沾的结果，财产权多少也就模糊了。

中国有《易经》，总是变易，按老百姓的话说是"富不出三代"，用贾府里小红的话来说就是"天下没有不散的筵席"。

对于文学艺术可能倒是有点好处，不然《红楼梦》怎么出得来？可是这样下去，社会的资产却总是难以积累起来。西方的历史短，但人家有几百年历史的资本家族，连日本也有三菱、三井这样绵延几百年的老商社。而我们的老字号，充其量也不过是卖卖鞋袜、烤鸭和剪刀的店铺。汉、唐、宋甚至明代都有过的大规模手工业工场，一个个都灰飞烟灭了。古罗马多数时候也是帝制，不过《罗马法》却把物权界定得清清楚楚。罗马皇帝可以砍大臣的头，但想没收财产可就难了。关键是，人家文艺复兴接上古代的茬，由市民社会走向现代。而现在的我们偏偏要跟人家学，学了技术还要坐人家的板凳（入世），据说还要遵从人家的游戏规则。可是，人家规则的基石就是物权，即私有财产权，我们恰恰在这个问题上学得比较慢。

中华帝国：制度的断想

在中国的黄河与长江流域的早期文明发展阶段，地理和气候条件，加上其他因素，容易产生较为发达的农耕生产方式。这种生产方式，使得这两个流域的居民在原始的部落阶段就可以积累大量粮食和财富，同时也不得不依靠修筑城池来保护他们的收获和财富。兴修水利的需要和抵御周边游牧半游牧群落的压力，使得这些农耕部落趋向于联合，或者以和平的方式，或者以战争的方式建立较大的王国。部落内部原来也许有过的民主形式，在越来越多的集权需要面前，逐渐丧失了。中国传说和成文史，基本上都是高高在上的圣人和王权的历史。但是，这种王权毕竟还达不到后来秦以后的程度，传说的历史姑且不论，至少，从记在甲骨、钟鼎和竹简上的历史来看，中国曾经有过很长一段的封建时代。在这样的时代，每个王朝都是由大大小小的诸侯国组成的，王只是诸多政治实体的共主，或者说是联盟领袖。如果不是在西周转入东周的时期出现了文化上的重大变异，也许封建的体制还会周而复始地循环一段时间。然而，西周的衰落并没有导致某个强大的王国取而代之，而是进入漫长的诸侯之间内战的时期。在诸侯争雄的春秋时代，封建制原来赖以存在的基础——宗法制被打破，各个政治实体在竞争中，表现出了过于强烈的以自我为中心的倾向，同一宗法血亲系统内的争夺和厮杀自然不可避免。在竞争中活下来的各个诸侯不再继续向下分封，而转向直接控制。因为来自自己内部的竞争并不亚于外部，在竞争中取代了诸侯的大夫，自然不会希望原来体现在他们宗主身上的悲剧重演。一种不同于以往的、非宗法、非宗教、绝对实利主义的文化成长了起来，谁对传统抛弃得越彻底，对实利主义奉行得越透彻，谁就能在竞争中占得先机。春秋战国时期的政治改革，实际上就是实利主义的角逐。当最终秦国脱颖而出，统一六国之后，一种新的帝国体制得到了确立。

中国很早就确立了相当完善的官僚制。早在秦汉时期，中国国家实际已经进入了欧洲15、16世纪才出现的绝对主义国家的形态，形成了具有金字塔式的官僚体系，有税收和财政体系以及庞大的常备军，甚至形成了欧洲到近代晚近才出现的文官选拔系统。相对于欧洲，也许我们可以说中国的制度是"早熟"的。但是更可能的是，这种"早熟"的评判本身就是有问题的，因为它暗含着以西方作为评价标准的意思。实际上，中国的政治制度跟中国的文化一样，是按照自己的理路发展的。长期以来，虽然中西之间不能说没有交流，但这种交流还远远达不到在制度文化层面上相互影响的地步。中国的制度几千年来，一直走着自己的路。这条路，虽然不时地受到来自北方游牧民族的干扰，也不能说完全没有其他文化输入，比如佛教文化的影响，但是它的发展却一直在官僚制帝国的轨道上行进。不仅跟中世纪的西方，而且跟周边的印度都非常不同，甚至与一直跟我们学习的日本也很不一样。

从秦汉起，官僚体制就是中国制度的核心问题。而这个核心问题又可以分成两个大的子问题。一是官僚的选拔问题，当时称之为"选举"。实际上，正如古往今来许多人指出的那样，中国政治的中心可以归结为选举。通过选举制度以及相应的文化，官员选拔的金字塔居然将整个社会联结到了一起。作为社会精英的士大夫阶层，其活动和文化实际上都在围绕着选举进行。所以，从这个意义上说，中国社会也可以被称为"选举社会"。历朝历代都将选举视为关系王朝命运的头等大事，显然不是古人头脑发昏，因为稳住了选举，就能保证社会秩序的稳定。二是官僚体系内部的权力制衡。中国是个巨型的帝国，皇帝依靠对于他来说显然有些过于庞大的官僚群来管理国家，如果没有起码的权力制衡的制度安排，权力的运行将是无法控制的。所以宏观上有行政、监察与军事上的三权分立，而微观上有相权的分割以及每个部门的权限细分，与各个部门之间权限的模糊和相互渗透。

虽然庞大的官僚金字塔是中国制度的基本特色，但中国的皇帝并不是像日本天皇那样的虚拟君主，皇权的专制也是中国制度的特征。皇权总是力图要将官僚体系变成实现自己意志的工具，不断强化自己的直接权力。从理论上讲，秦汉以后的皇帝跟西周和西周之前的王有着本质的区别，他不是天下的共主而是独主，是国家所有人唯一的君主。皇帝的权力，至少在理论上是可以达到无限的，如果皇帝要一意孤行的话（只要他不在乎丢掉祖宗的江山），其实没有什么力量能够阻止他。在历朝历代，皇帝总是试图直接统领官僚体系，操控一切，不惜利用身边的侍从机构，取代原本运转良好的政府首脑机关。到了明清两朝，皇帝甚至取消宰相制度，皇帝既做国家元首，又当政府首脑。然而，官僚制的本质规定相对而言是选贤与能的，着眼点是能力，而君主制的本质规定是世袭的，着眼点是血缘。对于如此庞大的集权帝国而言，事实上只有强调管理者的能力，才能保证帝国运转的正常。君主制与官僚制是相伴而生的，谁也离不开谁。正如皇帝一意孤行会导致王朝崩溃一样，从历史上看，明朝废相付出了沉重的制度代价。

君主制和官僚制虽然相互依存，但并不意味着它们之间就没有冲突和矛盾。中国的官僚虽然在现在看来好像是皇帝的雇员，但就古代社会而言，那时入仕的士大夫们却并没有今天人们在政府机关的感觉。诚然，官僚中不乏借官职谋饭碗的刀笔吏，但很多从小熟读圣贤书的人，他们将修齐治平的理想寄托在仕途上。从某种意义上讲，仕途不过是他们借以实现理想的工具。虽然，官僚制是皇权对士大夫的某种"赎买"，士大夫通过入仕，获得地位、金钱和荣誉，维持他们体面的生活。但是，传统时代的官僚体系不仅担负着管理职能，而且还有对社会的教化功能，使社会生活符合王朝正统的道德伦理的要求，甚至使民众对皇权产生一种类似宗教式的感情。只有这样，在一个粗糙的农业社会里，治理才有可能顺利地实现。这种管理与教化的双重职能，免不了会导致有人抱着致君王为尧舜的期望，指望成为帝王师，从而实现某种理想。在他们看来，他们才是这个社会的真正主角，具有学理和道德上的双重优越。因为是他们，而不是皇帝，承负着古代圣贤学说，是古圣贤的继承人。结果，士大夫做官，往往雇员的感觉不强，反而把自己看成道德教化的体现，他们为民父母，是引导民众走向道德正途的导师，而不仅仅是管理的机器。雇员和教化的两种角色长期以来一直在打架。作为官员，实际上的主要任务是催科（征粮、税）和听讼（司法审理），但为官的表面文章却是爱民如子，倡导"无讼"。由教化导致的帝王师的感觉，使得官僚体系与皇帝之间的关系总是有点别扭。直到清朝，皇帝才明确地将士大夫的野心压下去，让他们意识到，他们只是皇帝的雇员，既为皇帝管理民众，也替皇帝教化民众，皇帝甚至连教化的模本（《圣谕广训》)都做了出来，士大夫只管照本宣科就是。士大夫将精力转向儒家经典辞章的考据，以及具体治理技术的追求（实学），但是并没有真的完全放弃帝王师的理想，一有风吹草动，还有可能冒出来。即便没有这种理想的追求，官僚体制自身也存在着自己的逻辑，不可能完全按君主的意志行事，否则这个体系将无法运转。从某种意义上说，皇帝和官僚们一直在明里暗里地斗法，此消彼长，集中体现在皇权与相权的争斗上。最后到了明朝，虽然皇权取得了表面上的胜利，而皇帝自身则因这个胜利，陷入了这样的境地：或者非常劳累地日理万机，还捉襟见肘，或者干脆撒手不管，听任宦官的摆布。如果想过正常的生活，不是向官僚体系托付更多的权力，就得更多地依赖行政法规，因此付出了国家机器更加低效的代价。

由于当时社会发展的状况，国家不可能进行精密的管理，因此制度设置的本身就是粗犷的，在制度安排上预留了很多空隙，由官员自身的活动去填补，这样才能保证制度的弹性，比较能够适应变化。不仅中央政府各个部门之间、下级部门和上级部门之间的关系不清晰，中枢决策机构的成员不固定，甚至决策机关在一个朝代之内也会发生变化。这个部门管那个部门的事情，这个官员管本来不该他管的事情，本来该负责的官员却负不了责，这样的现象屡见不鲜。但是，在任何情况下，机构都在运转，因为古代制度本身就有处理这种复杂关系的模糊机制，存在新制度主义经济学所谓的隐性制度，通过隐性制度的安排，实现政府机构的运转。当然，隐性制度的存在，也会被官员用在为自己牟利的方面，不过这种应用，本身也是有限制的，最大限度地防止了官僚内部的紧张。另一方面，虽然政府机构和官员之间关系充满不确定性，但负责基本业务的属吏和杂役却基本稳定，他们之间自有一套处理问题的隐性规约，一是借此牟利（他们不是没有薪俸就是薪俸过低），二是保证公务的运转（不运转他们就没钱可捞）。

基于同样的原因，中国不是不能对农村社会实行军国体制的管理，政权也不是不能下到县以下。秦朝曾经有在县以下设置有俸禄的乡官的制度安排，不仅设置乡官，而且实行乡间的什伍编制，严厉推行连坐制。秦以后，这种乡村管理体制，在历史的某些阶段，总是有复辟的尝试。这样的乡村管理，其实，在短时间内，无论是对农民的管理控制，还是对赋税的征收，都有很好的效果，只是这种制度安排时间一长，就会暴露出交易成本迅速提高的趋向，甚至达到王朝政府不堪承受的地步。所以，在中国历史的大多数时间里，不管统治者奉行什么思想，主观愿望如何，对农村却只能实行近似无为而治的治理方式，乡官逐渐变成差役、跑腿的，将空间留给乡居的绅士和其他精英。

从政治文化的角度，我们讨论制度的时候，离不开"道"

和"术"这两个中国味道的概念。从某种意义上说,道可以是能意会的、蕴涵某种理想状态的境界,术则是实现这种境界的途径和方法。但是,具体落实到制度和政治操作上,道则意味着文治精神,它包括重文轻武,以文官治军,推行道德教化,重视礼仪,维护伦理型的意识形态,等等;术则意味着权术,或者说权力技术,包括权力制衡的制度安排,权力监督和权力运用的技术操控,等等。

文治精神是自秦汉以来每个常态的王朝所必须具备的。道理很简单,"以马上得天下,不能以马上治之"。中国历史上,企图以武力的方式维持国家的王朝并不是没有过,但没有一个能长久。不断充实的儒家理念也许对版图的扩张用处不大,但对于维护一个分散宗法制的农业国度,却有无穷的妙用。春秋战国以降,虽然西周那种贵族式的完整的宗法结构被破坏了,但这种以血缘姓氏为轴心的父系宗法制的某些基本元素,却随着贵族社会的消亡而散落民间,成为小农生活共同体的黏合剂,再次形成平民意义上的宗法制。这种宗法制,由于没有了过去那种严整的梯形树根结构,我把它称为"分散宗法制"。由于这种"分散宗法制"的广泛存在,当西汉初年汉武帝宣布独尊儒术的时候,从政、教两方面对社会都是一种适应。当然,儒家伦理的推行,对宗法制也是一种促进,使得宗族向大型化的方向发展,导致贵族社会的再生。从东汉末年开始,官僚贵族化的倾向,以门阀的形式再现；到了魏晋南北朝时期，官僚制已经笼罩在门阀政治的阴影之下。好在，在官僚制自身规律的作用下，贵族化的趋势最终还是被遏制了。中国进入了长期而稳定的小农社会，分散宗法制顽强地生存了下来，父子、长幼、尊卑、男女（有别）这样的结构性概念，成为不可撼动的文化核心，支撑着中国社会的运行与再生。正因为如此，每个正常的统治者，都无一例外地不仅要将儒家伦理捧在头顶，而且要贯彻到社会每一个层面。中国历史上的几百个皇帝中，不乏能文者，也不乏狂妄自大之徒，但社会却始终只有一个主导意识形态，一个教主。关键的是，这个教主不是皇帝本人。因为，这个意识形态是在皇帝之上的，一旦动了这个东西，他和他的王朝存在的合法性就有了问题。

当然，文治精神不仅仅意味着意识形态的推行，还伴随着国家政治以及社会活动的仪式化（礼仪化）。"天王圣明"的尊严、尊卑有序的秩序、权威的认同与服从，必须通过长时间的仪式的熏陶和演练，才能内化为人们的不自觉行为。历代王朝对礼仪重视的程度不亚于财赋与军队。官僚体系中，负责礼仪的专门机构，只有增加的份，而没有缩减的可能。官办的学校教育，学礼一直都是主要的内容，以至于到后来，老百姓一致认为，上学就是达到"知书达礼"。近代中西大规模接触之初，中国在马戛尔尼使团来访和1859年中外交涉中，所表现出对礼仪问题的过分反应，实际上不过是传统文治精神的一种过度反弹。

正因为有了意识形态的推行和礼仪化制度这两个基本要素，古代制度呈现出文官第一的特色就可以理解了。正如阎步克先生的研究所显示的那样，自汉以后，儒生和文吏的结合，为官僚体系提供了成员。而事实上，在这个结合过程中，儒生的味道逐渐压倒了文吏，以至于察举制运行到后来，通经和达礼才是进入仕途的基本条件。再到后来，是官僚基本上就意味着也是士大夫，非正途（科举）出身的人，按惯例总是被排除在士大夫的核心群体之外。至于官僚所需的操作技术，则由上不了台盘的吏和后来的幕僚承担。

不过，文官第一的制度面貌，还可以从另一个角度去理解，这就是军事制度的安排。说实话，武装力量无论如何都是国家的支撑性要素，无论在什么时代都是如此，古代中国自然也不例外。事实上，每个开国君主都是完全或者部分意义的武夫，西晋的开国皇帝司马炎总是强调自己家族的"诸生"出身，还被人嘲笑过。皇帝们对于军权也从来都没有放松过。兵者利器也，可是这利器是双刃剑，能伤别人也能伤自己。对军队控制不当，轻则割据难制，重则起兵反叛。以暴制暴，采用武力控制的方式维持国家的秩序当然不是不可以，但这样一来，难免伤及礼制和教化，建立不起皇帝和军人之间的道德联系，即使是身边的亲卫军也难保不有起叛心的一日。对于古代社会的政治制度，在效忠和效率之间，效忠总是第一位的。所以，拥有最可能颠覆皇权利器的军人，是首先应该防范的。当然，军人是不可靠的，文官也是不可靠的，但比较起来，还是军人更具危险性，其实，文官与军人的结合，是最危险的。所以，重文轻武、以文压武政策的推行，效果是一石二鸟，既压低了武人，又离间了文武，让他们难以结合。

文治精神到了这一步，已经进入了术的领地。古代制度安排上的权力制衡，也属于术的层面，除了前面讲过的文武制衡，还有行政与监察机构的制衡，行政机构之间的制衡，地方官员之间的制衡，以及体制内与体制外的制衡，等等。实际上，古代政治中的权术还远远不止这些。可以说，当年韩非子列举的那些驾御之术，在以后的岁月里，不仅在君臣之间，而且在臣臣之间，年复一年地推陈出新地上演着。只不过，我们已经很难在制度的设置上看出痕迹了。

中国古代制度阐释方面最易被人忽视，同时也最暧昧不清的所在，应该是官僚机构，即所谓衙门的运作方式与内涵。从某种意义上说，任何一种形式的制度安排，最后都要通过衙门的运作才得以实现。衙门实际上是刀笔吏和衙役的空间，自唐朝以降，吏和衙役已经成为一个介于官民之间的特定群体。他们的政治地位不高，其中的衙役甚至被列为不得参加科举的贱民行列，但是，他们才是政治运行不可或缺的人物。

无论是中央机关还是基层的县衙，没有主官，政务不会停滞，而没有了吏和役的奔波跑腿，那么所有的事务都可能停摆。多少年来，这是一个变化最少的角落。无论政治风云如何变幻，他们有着自己的规矩，按着自己做事常规行事。大一点的政治程序性的变化多少会导致他们行为的改变，但用不了多久，还有可能溜回旧日的轨道。当然，朝代的不同、皇帝的不同甚至于官僚个体的不同，是会影响到他们，但谁也不能否认，他们是政治操作层面中参与博弈的一方。

制度从来就不是静止的组织和框架，从来没有动不得的"祖宗之法"，虽然保持稳定是中国古代制度的规定，但变化确是一直在进行之中。纵观两千年的官僚帝制，制度的改变总是从补充性变革到替代性变革，再到框架性改变。人们总是先在制度上打一块补丁，然后再慢慢地让补丁下面原来的机构失效，最后才取而代之。在中国，制度的惯性总是在发挥着作用，稳定毕竟是人们最为看重的政治目标，因此总是力图避免因结构的动荡而导致整体的动荡。凡是气魄大动作大的变法，往往难以成功，越到这个制度的成熟期，就越是这样。

中国现代意义的制度变革，比起我们的东亚近邻日本来，发生的时间并不晚，但变革本身走的弯路，却远比我们已经意识到的多得多。清朝最终丧失了和平改制的时机，而辛亥革命后的制度变革，却像浮在水面上的油，跟社会格格不入。

说实话,虽然现在绝大多数的中国人对传统和传统制度已经没有多少印象,但传统制度的阴影还在遮蔽着我们,影响着我们的政治行为。

不确定的道路

别把诗人的话当真

诗人的话当不得真,据说这是古训,说是唐朝一位诗人作诗云:"舍弟江南没,家兄塞北亡。"上司见了,很是哀怜,说:想不到君家不幸如此。不想此公答道:没的事,我只是作诗而已。后人嘲笑这位仁兄,说:既然是作诗,何必把兄弟全搭上,为什么不写"娇妻伴僧眠,美妾入禅房"?

不过,尽管如此,还是有拿诗人的话当真的。同样是唐朝,唐宣宗时,令狐绹为相,推荐诗人李远为杭州刺史。唐宣宗说,我听说此人有诗云"长日惟消一局棋",这样的人,能治理好地方吗?令狐回答说,诗人的话,当不得真的。两下僵持了半晌,最后唐宣宗说,先让他上任干着,紧看着点,以观后效。乖乖,差点因为一句诗,丢了好大的一个肥缺。

唐朝毕竟是唐朝,皇帝虽然把诗人的话当了真,也不过是担心诗人光顾着下棋耽误了公事。可是到了宋朝就不一样了,王安石变法,大才子苏轼写了几句诗发牢骚,结果被御史摘出,说他诽谤新政,用今天的话说就是反对改革,于是逮捕下狱。好在宋朝祖制不杀大臣,苏轼最终得以保全小命,发往远恶潮湿的黄州做团练副使。诗人的话，撞到了政治的枪口上，终于惹出祸来。

转眼到了明朝，朱元璋一做了皇帝就大兴文字狱。不过，倒霉的大多是些地方上的小知识分子，上书写什么"生民作则"之类的话拍马屁，不幸拍在了马腿上。朱元璋用凤阳话把"作则"误会成了"作贼"，结果拍的人纷纷掉了脑袋。真格的诗人，因为作诗丢命的好像还没有。大概是因为明朝采用特务统治，锦衣卫、东西厂特务密探神出鬼没，诗人的诗兴未免稍减，大家一哄而起写小说去了。洪武十五年（1382年），朱元璋刚刚兴完大狱，杀了宰相胡惟庸并三万余大小官员，废了宰相，自己既当国家元首，又做政府首脑，天天累得半死，不得已从翰林院找来几个老儒，帮他处理公务。其中一个名叫钱宰，年事虽高，但办事写东西还算让皇帝满意，算是最得朱元璋宠爱的一个"秘书"。一天散朝回家，忽然吟诗一首："四鼓咚咚起着衣，午门朝见尚嫌迟。何时得遂田园乐，睡到人间饭熟时。"第二天上朝，见过皇帝，朱元璋说：你昨天作的好诗，不过，我并没有嫌你呀，何不改"嫌"为"忧"呢？老钱宰吓得一个劲地磕头，余生估计一个字的诗也写不出了。

到了清朝，皇帝进步了，自己就有爱诗如命的，像乾隆一个人作的诗传下来的据说就有四万余首。不过他一爱诗不要紧，诗人的脑袋可就有点危险了，几十上百的文字狱出来了,连"清风不识字,何故乱翻书"这样的风月诗句,也被上纲上线为恶毒攻击清朝皇帝的"盛世修书"。诗人的话,还就是被真真切切地当了真。

诗人的话被当真,诗也就没了。

由哭而惹出的案子

金圣叹是明末清初江南有名的才子。不仅批点过《水浒传》《西厢记》《三国演义》这样的才子书,而且写过《不亦快哉》这样的妙文,今天读了还令人忍俊不禁。不过,此人却是因为"哭"而身陷大牢,进而丢了性命的。

事情是这样的,顺治十七年(1660年),也就是这位传说去了五台山出家的皇帝死的前一年,金圣叹所在的吴县县令催缴钱粮甚急,稍有拖延,则尺宽的毛竹片伺候,县衙班房,天天哀声一片,鲜血淋漓。虽然说,吴令所为,大体上不过是执行上级的指示——为了惩罚江南地区对清朝征服的反抗行为,清朝规定,此地的钱粮征收额要比他地高出几倍到十数倍不等,但这位县太爷在横征暴敛的同时,也没忘了给自己多弄点外快,据说前脚征粮,后脚有的就顺到自己家去了。事有凑巧,就在县太爷率领众衙役大抡毛竹片正起劲的时候,顺治皇帝翘了辫子。按规矩,各地官绅可以设皇帝的牌位前去哭,于是,吴县的诸生,也就是那些见了县太爷可以不下跪的秀才们,跑到文庙(孔庙)开哭。哭可是哭,大家在哭皇帝的同时，大骂县太爷，这一骂，把个平日苦于征课的百姓也引来了，据说有千人之多，哭声震天，骂声也震天，街上甚至出现了揭贴（大字报）。

这种恶毒攻击领导的聚众闹事，马上被县太爷上报，巡抚朱国治正巧是个痛恨读书人的杀手（正因为如此，才被派到文士多如牛毛的江南来），闻言大怒，立即派兵镇压，当即有11名诸生被抓，连夜刑讯，牵连甚众，金圣叹也在其间。最后结案是"不问首从，一律处斩"，家产抄没，妻子儿女流放黑龙江，不算流放瘐死的，死案者121人，吴县像样的文人消亡殆尽。

说起来，哭庙事件，只是一个小小的"学生运动"，而且这种学生运动，至少在表面上是有着习俗上的合法性的。在案发之前，秀才们聚众到文庙孔夫子牌位前抗议，是他们的习惯，也是他们的权利。尽管也有过秀才因此丢了头衔的，但官方如此大动干戈，要了这么多人的身家性命，还是破天荒的第一次。这里，有清朝当局作为异族统治者的敏感，有朱国治这种酷吏的阴狠，也有那位县太爷出于担心自家劣迹暴露的别有用心。然而兴大狱的真正用意，实际上是拿金圣叹一干秀才的人头，吓唬江南所有对前朝怀有思念的士人，彻底铲除遍布江南的文人结社（一结社，就难免说三道四，对政府不恭敬）。据说，吴县的这种结社，金圣叹属于领袖人物。清朝征服江南以来，虽然屡次下令严禁结社，但文人诗酒酬唱，由来已久，禁不胜禁，查无从查，现在正好有了这么个机会，于是下了黑手。

尽管如此，像这样"排头砍去"，按大清律也是没有依据的，所以，结案实际上最后是把诸生窜入一件近期发生的海盗案，做成造反"逆案"，才遂了从朝中的执政诸公（当时康熙还没有亲政）到巡抚、知县等诸位大佬的心愿。

在死亡面前，金圣叹依然保持了自己名士的风范，临刑前留下一封家书，狱卒担心里面有诽谤不敬的话，将之呈送长官，官打开一看，里面写的是这样一句话："盐菜与黄豆同吃，有胡桃滋味，此法一传，吾死无恨焉。"

官哭笑不得。

一个跟乌鸦有关的文字狱

如果不算土匪流氓等"第三社会"中人,文人跟监狱的距离想必要比其他人近那么一点,越是有才华的人,危险似乎就越大。有人反过来说,这种危险其实成就了这些才气乱冒者,让他们写出传世的诗文,所谓"文章憎命达,魑魅喜人过"。但是受难的当口,当事人似乎没有这样自觉的受虐意识,几乎没有不想早点摆脱苦难、过平常人的日子的。

在中国文坛上,苏轼几乎就是才华的同义词。虽然文人琴棋书画都要弄一点,但在诗、词、书、画上都有成就的却并不算多。就当时而言,苏轼在歌伎舞儿中大红大紫,哪个不唱苏子瞻的词?如果有幸运儿得到品题,自会身价百倍,缠头不知要多得多少。苏轼的诗词歌赋值钱,书画也宝贝,当时就能拿来换钱换物。有个朋友嗜羊肉,一馋了就找个借口到苏轼那里骗幅字,去换上几十斤上好的羊肉。

才华横溢而且有幸在生前暴得大名的人,往往都有点多嘴的毛病。在政坛,则表现为对政事的挑剔,甚至"非议"乃至"横议",令当局者满是不痛快。苏轼尤其如此,此公中年以后，发福得紧，肚子很大，据说里面是一肚皮的不合时宜。此公为官一生，始终不知道"站队"为何物，一任嘴巴痛快，总有话说。朝廷不变法他不满，变了法他更不满（等到反对变法的一派上台，尽废新法，他还是不满意，当然这是后话了），摊上文字狱，委实也是"罪"有应得。

北宋神宗元丰二年（1079年），"王安石变法"已经推行了十年。这个以富国强兵为目标的变法，其是非功过，史家仍在聚讼不已。但有一点可以肯定，由于变法本意就是强化行政干预的力度，因此给了官吏们太多的上下其手的机会，所以实行过程中，老百姓就不大可能欢天喜地。这一年，苏轼由杭州调任湖州知州。

前面说过，对变法苏轼是不满意的，属于经常说三道四的反对派。不过，跟大批因反对变法而遭到贬斥的官员不同，苏东坡由于其耀眼的文名，居然得以留在江南的鱼米之乡享福，这让许多新党人士很是不平。因为苏轼"诽谤"新政的诗文的杀伤力，实际上并不弱于旧党领袖司马光的长篇奏折，用御史舒亶的话说，苏轼讥讽新政的诗，"小则镂版，大则刻石，流布中外，自以为能"，也就是说政治影响极坏，不动动他难以"平民愤"（应该是官愤）。所以，苏轼在湖州任上屁股还没有坐稳，御史老爷的弹章就接二连三地递到了神宗皇帝的手里。先是御史何正臣，继而御史舒亶，再则御史台的领班御史中丞李定。

于是，苏轼被逮到了东京汴梁，关进御史台受审，人称"乌台诗案"。典出于《汉书·朱博传》，汉朝的御史府柏树森森，常有成群的野乌鸦栖居其上，朝出暮归，人称御史台为"乌台"（估计这里也有骂御史们乌鸦嘴的意思）。苏诗人进了乌台，严刑拷打倒是不多，不过审讯官们不是吃素的，昼夜连轴提审自是免不了，在触及灵魂的同时，偶尔也要触及一下皮肉。苏轼在仅能容身的临时牢房里一直待了4个月零12天，几乎每天都被逼要交代他所写过的所有可疑诗文的出典、用意以及去向（一本参考书都不给，全要凭诗人的记忆）。一时间，苏轼的诗几乎成了今文经学家眼里的《公羊传》，御史老爷们拼命从里面寻找微言大义，以便罗织苏轼谤讪朝廷的罪名。说苏轼诽谤新政已经远远不够了，审讯者所想要的是将此狱锻炼成诽谤皇帝的重罪。虽然宋朝祖制不杀士大夫，但犯"大不敬"罪是例外的。为此，苏诗中所有涉及"龙"字的诗句，都被反复追究，上挂下联。审讯者的想象力居然大到这样的程度，苏轼有首咏桧树的诗，其中两句"根到九泉无曲处，此心惟有蛰龙知"，其实无非是说桧树的根子非常深。但是审讯的御史老爷却认为这是影射，讲蛰龙的实际用意就是蔑视"飞龙在天"的皇帝。当然，在寻找大罪名的同时，苏的生活细节也没有被放过，从道德上把被整者搞臭，是所有政治案件的惯例。因此，连苏轼借朋友的钱没来得及还，托朋友裱画没有付费这样的斗屑小事都被挖掘了出来，作为罪状上报。

因言得罪，株连必广。苏轼为当时的文坛领袖，平时诗酒唱和，鱼雁往来，有文字交往者不知凡几。到了这时，凡是和苏轼有过文字交往的人，都只好自叹晦气，因为必须得交出苏的诗文和书信，如果找不到就有有意包庇的罪过。一时间，翻箱倒箧，鸡飞狗跳，众文人被搅扰不说，还要被罚铜（俸）。连已经死去的欧阳修的家人也不能幸免，一样要因老子与苏轼的交往受到惩罚。身为驸马的王诜和苏轼的弟弟苏辙，因与苏轼的关系太深，有通风报信之嫌，而被贬官。

乌台诗案，是北宋开国以来第一个文字狱，兴狱者深文周纳，必置苏轼于死地而后已。由于没有先例，狱里狱外，大家都不晓得结局将会如何，一时空气相当紧张。苏轼遭难，儿子苏迈一直在外面为父亲打探消息。苏轼跟儿子约定，如果没有什么事就送肉和菜，有事就送鱼。一次，苏迈因急事外出，托朋友代为送饭，朋友好心，做了几条鱼送进去。苏轼一见，以为自己难逃一死，不仅鱼没有吃，连绝命诗都做好了。当然，此案的结果并没有这么悲惨，皇帝最后否决了御史老爷给苏轼定的最严重的罪名——针对皇帝的恶毒攻击罪，仅仅以反对新政的罪名将他贬为黄州团练副使。品级虽然降得不多，但从实权的富裕地区地方长官变成了虚衔的军职，而且不许签署公事，等于"挂"了起来。在黄州，苏东坡很是闲了一阵，在四处闲逛，跟渔夫酒徒厮混之余，还在江边的东坡上开了一块地,由此自命"东坡居士",还烧出了著名的东坡肉。

苏东坡的牢狱之灾,在文学史上一向是作为文人遭嫉的典型来解读的。木秀于林,风必摧之,自古皆然。三苏自走出巴山蜀水以来,文名满天下,而苏轼又是三苏中的翘楚,早早地就接替欧阳修成为文坛领袖,遭人嫉恨,原是应有之义。更何况苏轼一肚皮不合时宜,一肚皮赤子之心,口无遮拦,看不惯就说,交结的人多,得罪的人也多。连一向稳重的理学大师程颢、程颐之辈都对苏轼颇有微词,嫌他"轻浮"。而且,文人相轻,并不只是庸俗者的毛病,往往越是出色的人才,彼此就越容易暗生妒意,道德上稍有放纵,难免就会干出些嫉贤妒能的事来。看过《梦溪笔谈》的人,大多会认可作者沈括的才华与见识,但还在御史老爷们弹劾苏轼之前,他担任两浙察访使期间,在杭州与时任杭州知州的苏轼交往甚密,临走前特意向苏讨要了几首近作,说是作为纪念,回过头来却详加"注释"附在考察报告里,交给了皇帝。虽说没有即时兴起大狱,但对后来苏轼的遭难,也不能说没有一点铺垫作用。对此苏轼自己也十分清楚,在谪居黄州时,爱妾朝云为他生了个儿子,三朝洗,他给儿子作诗一首:人皆养子望聪明,我被聪明误一生。惟愿孩儿愚且鲁,无灾无害到公卿。

不过,在我看来,虽然苏轼的遭遇跟他的恃才傲物和别人对他的嫉妒不无关系,但事情并不如此简单。苏轼固然恃才,但远没有傲到世人皆曰可杀的地步。换言之,他离一个狂士还有相当距离。朝中大佬,嫉恨他的固然有,但欣赏其才华的也大有人在。乌台诗案案发,不仅旧党人士连声抗议,连偏向新党的宰相吴充也劝神宗皇帝赦了苏轼,甚至连王安石都表示不满(王时已罢相,但新法依旧在推行),上书营救,新党的另一中坚人物章惇也出来为苏轼说话。其实神宗皇帝自己,对苏轼也是相当赏识的。在此案之前,尽管明知道苏轼反对他所钟爱或者说迷信的变法,但依然优待这位才子,让苏轼在江南温柔乡里过了许多年倚红偎绿、浅斟低唱的日子。实际上,导致乌台诗案的主要原因有两个:一是属于新党的御史中丞李定等人讨厌苏轼反对变法,骨子里则有公报私仇的因素,因为苏轼曾经攻击过李定不为母亲服丧,这在那个时代的确过于有杀伤性;二是苏轼利用诗歌对变法的冷嘲热讽,的确让迷恋变法的神宗头痛,或者说,影响了变法大局。

  北宋冗官、冗兵和冗费的"三冗"问题,由来已久,恶性循环,早就到了非改不可的地步。对于这一点,所谓的新旧党人其实是有共识的。他们的分歧实际上在于怎么改,而不是改还是不改。在现在看来,新党人物王安石以下像吕惠卿、章惇等人,对于改革所引起的民生问题,心理承受能力要比旧党的司马光和苏轼他们大得太多,在他们看来,这些都是实现国家强盛所必然要付出的代价。不幸的是，神宗恰是一个对国家强盛有着执着追求的皇帝，他不甘继续忍受朝廷对外战争中的耻辱，急于展示大国和强国的面貌。王安石变法的快速增强国家能力的思路，实在很对他的心思，所以，他不惜代价也要推行下去。但是，北宋一朝，在制度上，君权最弱，为了防止军人暴政而形成的优待士大夫、不以言罪人的政治传统，使得皇帝推行变法的"乾纲独断"往往流于形式。为了打破这种局面，神宗需要对传统的政治文化有某种突破，这个时候，恰好御史台盯上了苏轼。监察部门从来都是皇帝制约和平衡行政体系的一个重要工具，在北宋，这个工具的作用尤其突出。如果说，个别御史的意见还可以无视的话，那么，御史台的整体声音，是皇帝必须要重视的。更何况，这个声音恰好又是皇帝所需要的。所以，尽管整个皇室对苏轼非常喜爱，皇帝本人也未必不看重苏的才华，但为了大局的需要，苏轼也只好做牺牲了。

应该说，放在历史的长河里看，苏轼还是幸运的。如果他早生几年落在五代的武夫手里，或者晚生几年落在蒙古人的马蹄下，可以肯定地说，他就没有机会发明东坡肉了。只是，有着历代最宽松的政治文化的宋朝，自乌台诗案之后，改革越来越变了味道。改与不改，只是两派或者多派势力的权力角逐，直到蒙古人把最后一个小皇帝追得跳了海。

一场青年党谋划的四川内战

青年党最初成立的时候,名称是国家主义青年团,不过,那时候团也好,党也好,本无所谓的,反正就是那么一个组织,一伙人。青年党的核心成员,人称曾、左、李,即曾琦、左舜生和李璜。三人都是留法的学生,在民国的政坛上,时不时会折腾出点动静来。

国民党北伐成功之后,青年党对国民党的统治不认同,依旧拥护五色旗。由于曾琦和李璜都是四川人,所以,这个党在四川颇有根基,在国民党统治初年,也算是一个没有法律地位的反对党。国民党名义上统一之后,事实上对许多地方鞭长莫及,所以,对于反对它的青年党,也只好听之任之。

四川军阀的混战,是举世闻名的,这些混战之中,有一次,跟青年党(当时还叫团)有那么点关系。可以说,如果没有青年党人的居中联络和撮合,这场仗还没那么容易打起来。

事情发生在1928年秋天。这时的四川,已经是刘文辉和刘湘叔侄的天下。老牌的军阀邓锡侯和田颂尧还能分一小杯羹,而杨森、李家钰、罗泽洲,以及蜗居川北的刘存厚,事实上已经边缘化,而老资格的赖心辉和郭汝栋,已经成了寄食者,大半个身子出局了。但是,此时的川中,军阀再开战的火种,却是有的。刘文辉、刘湘和邓锡侯、田颂尧在资中召开的分赃会议上,邓、田二人所获无几,心怀不满。而新败的川中野心家杨森,更是愤愤的。能战的罗泽洲,也很不服。更耐人寻味的是,此时的四川,多了一个大人物,这就是不久前才被北伐军打败的吴佩孚。他此时入川,托庇于杨森,但还保留着"八大处",以及千把人的卫队。

吴佩孚一直到死,都认为自己有巨大的潜势力。而川中的军头们,做如是想的,也大有人在。原本就跟吴佩孚有过联系的青年党人,更对吴佩孚抱有希望。青年党原本就跟川中诸多军头有联系,此时,更是积极地穿针引线,想要借吴佩孚的名头,先统一四川,然后把四川作为基地,进窥武汉,逐鹿中原。

然而,统一四川,首先要打的就是刘湘。杨森几起几落,主要都是栽在了刘湘手上,而且此时的刘湘,西瓜偎大边,靠在国民党身上,根本不买吴佩孚的账,也没看得上青年党这些文人。然而,在青年党看来,虽说刘湘实力雄厚,兵精粮足,但以往川中混战的经验告诉他们,好虎架不住群狼,只要大家群起而攻之,再大的大头,也会吃瘪。邓锡侯和田颂尧已经跟刘湘貌合神离,其他人则都对刘湘怀有怨恨。而刘文辉也未必会帮着他的堂侄。所以，这个仗，看上去还有那么点把握。

于是，一个针对刘湘的同盟军拉起来了，名曰讨贼联军。总司令是那个空头大帅吴佩孚，杨森做了前敌总指挥。邓锡侯、田颂尧、罗泽洲、赖心辉、郭汝栋，都在总司令的名册上。这些人真打起来会不会动，就看战局发展了。

吴佩孚虽然挂了总司令的名，但指挥部队的事儿，川人是不会让他插手的。最先动作的，居然是寄在刘湘篱下的赖心辉，他破釜沉舟，用自己两个残缺不全的师，向永川和重庆进攻，郭汝栋也动了，但还没等投入战斗，那边赖心辉已经战败，这俩宝贝，只好带着不多的残兵，逃出了四川，从此在四川军头中被销账了。

杨森和罗泽洲，无疑是讨贼联军的主力。这两人的部队，在刘湘和刘湘的同盟军范绍增的猛烈进攻下，最终还是抵敌不住。先是进攻重庆被击败，然后退守也守不住，最后丢了所有的十余个县的地盘，残兵退入罗泽洲的防地。没有了退路的罗泽洲收缩战线，玩命死战。虽说丢了四个县，但鉴于代价太大，刘湘没有赶尽杀绝，给罗泽洲和杨森，都留了一点余地。

一场恶战，最终以讨贼联军的惨败告终。原来指望的邓锡侯和田颂尧，根本按兵不动，邓的外号叫水晶猴子，田的外号叫冬瓜，俩人都精得可以，滑得可以，哪里会轻易冒险呢？青年党原本计划的围殴，变成了实力悬殊的硬拼，杨森他们不输光，已经是便宜了。

青年党文人不怕乱子大，闹不成事，缩回去也就是了。可苦了寄食四川的吴佩孚，从此以后，就没法在四川待了，连卫队的武器，都被人算计走了，几乎只身离开了四川。

武秀才

自有科举以来,武举向为鸡肋。文科为朝廷输送人才,构成了大小官僚的金字塔,可是军队里的军官们,却大多为战阵里混出来的老行伍,偶尔有个把武举出身的人进来,也往往立脚不住,不是自己识趣滚蛋,就是在战斗中因没人帮衬白白丢了性命。尽管武科没用,但却没有一个朝代废了它,不知道是出于制度的惯性呢,还是出于阴阳(文武)平衡的考虑,反正一代代无声无息地考下去。考出来的武秀才、武举人、武进士,官府和社会,谁也不拿他们当回事。

虽然没有官做,但考武举的却大有人在。原因是不管社会上看重与否,考上了总算是有了功名,有了功名就有相应的官方优惠,就算是最低一级的武秀才,也可以见官不跪,减免些赋役什么的。武举见了真正的缙绅固然矮半头,但在平头百姓面前,依旧可以耍耍威风。明清两代,是科举成型的时期,制度运行相当稳定,不免一科一科地武举考出来,武秀才尤其见多。既没有出路,武举们只好在社会上做闲人,地方官从来不把他们当回事,可他们自己却从来放不下绅士的架子。清代有一个流传甚广的故事，说是有天一个武秀才扯了一个挑粪的农夫上堂告状，说是这个农夫在街上撞了他，必须加以惩罚。县太爷说，既然如此，那就让秀才打这挑粪的一百个嘴巴吧（有一说是磕头）。于是武秀才一五一十地打了起来，打到七十的时候，县令突然说：停，我忘了问你这个秀才是文秀才还是武秀才？答曰武秀才。县令说，文秀才才能打一百，武秀才只能打五十，现在你打多了，让这农夫还回来。于是，农夫噼里啪啦回了武秀才二十个嘴巴，打得武秀才七荤八素。这个故事无论真假，都说明了当时人们对武举的轻视和武举自己的自轻自贱。不过这没办法，明清两代科举出了那么多名臣和名人，无论谁说历史都免不了要说到他们，可是谁听说有哪个历史上有名的人物是武举出身呢？尽管武秀才、武举人、武进士也一科一科地考出来。

到了清朝快灭亡的时候，武举们突然有了一回露脸的机会。那是闹义和团的时候，北方乡野，几乎村村立坛，庄庄练拳，打教堂，杀洋人和二毛子（信天主教的教民）。乡间的缙绅卷进去不少，其中大多数是武举，武举人和武秀才。他们不是亲自做义和团的师傅和大师兄，就是给坛口当后台。当然，这可以理解，原本他们就是闲人，这个时候，正是用得着闲人的时候。可惜的是，闲人们好不容易有了用武之地，还是没有用到正地方，练拳舞刀，没有把自己练成刀枪不入，自然也就挡不住洋人的洋枪洋炮，老佛爷和小皇帝还是得弃城而逃，武举们露脸的事很快变成了丢脸，不久就让人忘记了。

科举制度本身设置武举一科，原本未尝不是想通过考试选拔军事人才，可是，中国历朝大部分时间里政治的风气都是重文轻武的，现任的军事官员都没人当回事，更何况考上来的预备队。政府既不拿武举考试当回事，也不想法往军队里派遣武举出身的军官，一项精心设计的制度，就这样成了摆设。这样的国家，这样的制度，赶上了近代，碰上从西边来的尚武的好汉们，当然只有吃瘪的份。

同文馆的成就

1862年,北京出现了中国第一所国立的教西洋文字的学校,名叫同文馆。这所学校,教洋文的教师一概都是外国人(后来教西学的也大部分是外国人),一句中国话都不会说,也不屑说,上课绝对的"情景教学"。学生初进馆,每月3两银子的补贴,以后陆续增加,最多可以达到每月12两;当时一个七品的翰林,每年俸禄不过45两,可见收入之丰。学生不仅补贴可观,而且管吃管住,除了衣服、老婆之外什么都管发。据进过馆里读书的著名戏剧理论家齐如山回忆,馆里的学生每六人一桌,每餐四大盘、六大碗,有鱼有肉有海鲜。夏天还有一个大海碗,放着水果莲藕什么的;冬天海碗改成火锅,什锦锅、白肉锅和羊肉锅任选。如果这些你都不乐意吃,那么可以另外随便点菜。学生来了客人,也可以随便要菜,一个子都不用花。就这样,同文馆的学生还动不动就嫌伙食不好,摔碗砸碟闹罢餐。

同文馆开始的时候,设英、法、俄文三馆,随后又加了德文馆。分前馆后馆(高年级和低年级),后馆比照西方的中学，前馆比照西方的专科，学制共八年。这个官办的洋学堂从小皇帝同治登基开始（1862年），一口气办了20年，转眼到了光绪年间。那时，俄国人总是借勘界的机会，蚕食中国的领土，跟俄国人办交涉成了大问题。这时候总理衙门想起了同文馆，于是到馆里找人才。同文馆的总办一下子从俄文馆找来了七八个学生，一个俄文学了13年，其余的也学了7年。结果呢，没有一个懂俄文的，成绩最好的一个刚刚能把俄文字母念上来，其余的连字母最多也不过认识一半。

原来这所西式的国立高等外语专科学校，虽然设施好，待遇优，但师资可是一般般。有学问的西方人，在那个时候根本没人乐意来中国教书，即使有乐意来的，中国的官僚机构也请不到。结果是一群粗通文墨，甚至没有受过什么教育的老外混了进来，其中不乏下级军官和士兵，自己连像样的文章都读不通，上课只好呀呀呜。好在从学校负责人到学生，对外国的事情什么都不知道，只要判定人家是洋人，也就可以了。师资差，管理更差。同文馆从开办那天起，就是一个彻头彻尾的衙门，管理大臣外加提调、帮提调以及一群办事人员，除了公文往来，就是面上的安排，只要学校开张，课堂有人，其他的什么也不管，也管不了（还好，还没有假装懂行）。

同文馆的毕业生，最出息最有名的一个，是齐如山，此人帮助梅兰芳策划了京剧的改革，使梅走向了世界。他在戏剧上的造诣,也许跟在同文馆上学,待遇过好,课程太松,有时间有精力和有闲钱去泡戏院有点关系。

最后说一句,京师大学堂开办后,同文馆的大部分呀呀呜的外国教授,都进了大学堂,直到蔡元培时代才恨恨地走人。

民国的县太爷

在民国以前,县太爷无论是叫县令还是知县,在自己的辖境之内,权力都很大,人称百里侯或者灭门县令。只有在境内有世族大家或者元朝时,即有蒙古贵族和投下主的情况下,他们的权威才会打折扣。严格地说,县太爷什么都管,维持境内秩序,清除盗匪,打理诉讼,教化乡里,当然,还有赋税的征收。其中,征收赋税和打理诉讼,是其最主要的两项工作。在县境之内,县太爷就代表皇帝,所以,皇帝自称民之大父,县太爷就是父母官。

父母官倒未必待民如父母。从"父母"这两个字说开,包揽一切,管理一切,是理所当然的。就像在家里,父母什么不管,什么说了不算呢?然而,现代政府所应该提供的公共产品,古代的县太爷是不怎么管的。修桥补路、常年的困难救济,甚至多数地区的水利设施,这些事,都由乡里宗族和社会自己管。从这个意义上讲,除了负责秩序上的安定之外,古代的政府,其实是很霸蛮的存在,跟坐地收钱的强盗,区别并不太大。

清末最后几年，在新政的大背景下，地方政府开始改革。直隶的试点，开始把诉讼功能剥离，另外成立地方法院和检察院。只是，这样的试点还没来得及全面铺开，清朝就亡了。民国的县太爷，名字改成县知事，但在北洋时期，大体上依旧是前清的格局，还是得打理诉讼和征收赋税。县太爷还是得依靠幕僚，钱谷师爷和刑名师爷，还是必不可缺的助手和顾问。县太爷的班底，也大抵还是三班衙役和六房书吏。除了上面没有了皇帝，似乎一切如旧。只是，县太爷的职权，经常受军人支配，受战事影响。

到了国民党时期，县太爷改称县长。理论上，县长要经过文官考试任职，但实际上真正经过文官考试的，没有几个人。传统的师爷消失了，但县太爷上任，依旧得带私人的班底，至少，主任秘书和出纳是必须自带的。其中主任秘书，基本上相当于过去的师爷。一个县设民政、财政、教育、建设和军事五科，外加会计室，特别大的县，还设有社会和合作科。跟前清不一样，这些科室，县太爷如果来头大，可以都换成自己的人，当然，如果来头不大，就只能将就前任的班底了。

这个时期，县长不再兼任司法官，每个县都另有法院。但是，县长对于司法依旧有很大的影响力。首先，县长兼任检察官，他可以不管，但只要管，法院就得让他三分。县长不仅兼任检察官，而且还是军法官。只要他认为应该抓捕某人犯，一道手令，就可以把人抓起来关三个月，到期，还可以延期拘押。基本上，只要有借口，要抓什么人，就可以抓什么人，要关多长时间，就可以关多长时间。对于他们认为需要杀掉的盗匪，往往可以在军事机关的授意下，就地处决。只是，这样做的话，必须在非常时期。

当然，这一时期的县级行政单位，已经有了参议会。这些参议会，属于民意机关，一般都由本县的乡绅把持。如果县长恣意妄为，草菅人命，那么，一旦被参议会弹劾，一般来说，官也做不成了。

显然，在民国时期，县太爷的权威和权力，比前清要小一些。理论上，它也该提供公共产品，不能像前清那样，不讲道理地霸蛮行事。或多或少，政府的性质，还是随着国体的改变，有所变化。

尽管如此，一般民众对于县太爷，还是相当看重的。尽管省府各机关都可以管到县太爷，但民众却只对县府的大印表示崇敬，因为在他们看来，从前清以来，县府大印都是四方的大铜印，而省府机关，则是木头的关防。很多人认为，只有县太爷的大印，才有威力，甚至可以辟邪。有些乡绅，写了"天地正气"四个字的屏幅，会特意到县衙来，求在屏幅上盖一个印。挂在正堂里，感觉特别来劲。县太爷出行，尽管不坐轿了，但依旧有人下跪。在很多民众眼里，县太爷，还是皇权的象征，尽管皇帝已经不坐龙庭了。

"倒霉"与"王帽子"

在1931年梅贻琦接任清华大学校长之前,清华在一年之内,接连发生了三起倒校长的风波,罗家伦、乔万选和吴南轩先后被师生倒掉轰走。可是自梅出掌清华之后,"倒风"遂止,梅一直在校长位置上安安稳稳地坐到了江山易色之时。梅自己对此解释说,这是因为没有人愿意倒霉(梅)。其实,这只是玩笑而已,倒是梅贻琦的另一个说法,道出了他长治久安的秘密。在西南联大期间,清华师生为梅服务清华25年举行的公祝会上,为答谢大家对他的赞扬,梅贻琦说,京剧有一个角色叫"王帽子"(饰帝王的),一出场总是前呼后拥,煞有介事,但戏的真正主角却不是坐在中间的王帽子,看戏的也不要听他唱,他有幸搭在一个好班子里,人家对这台戏叫好,他自然也"与有荣焉"。

实际上,正是梅贻琦充分尊重清华的教授治校传统,才成就了清华和他的英名。当年,清华实行的是"党国"所不容的土制度,由全校教授和副教授组成的教授会作为学校的最高权力机构,由教授选出的评议员和校行政首长共同组成的评议会，作为教授会的常务机关，负责学校的重大事务的决策。作为一个国立大学的校长，原本完全可以不承认这个制度，甚至将它摧毁。但梅贻琦却一改前任之所为，不仅尊重这个制度，而且使之效用发挥到极致。事实上，如果没有梅贻琦居内调解弥缝，对外抵抗政府的行政压力，招徕国内外一流人才，清华的教授治校是不可能维持下去的，就算维持下去，也不可能发挥效用。从这个意义上说，梅贻琦这个"王帽子"的角色，扮演的是清华真正的"无冕之王"。正是由于有了这个无冕之王，清华才真的从一介藉藉无名的留美预备学校，变成一所世界知名大学。

教育改革视野下的乡村世界
——由新政谈起

中国的教育改革,大概"科学"一点地计算,是要从1905年的新政算起的。如果像我们现在的大学给自己找历史一样,硬要再往前推,那么九品中正制下的学校变成科举制下的学校要算一次,察举制下的学校变成中正制下的学校也要算一次,秦朝的"以吏为师"到西汉设立博士子弟员,似乎也是一次,最后,孔老夫子办私学当然也要算。我这么算其实没有要给改革拉一个显赫的祖先的意思。眼下是21世纪,不是康有为变法的年代,断没有必要将大成至圣文宣王的鼻子涂红,拉来撑台。没办法,如果按"改革"这个思路,那么孔夫子在民间办班讲学,而且规模庞大——弟子三千,就是对原来的贵族公学体制的改革,而且是幅度很大的改革。只是自孔子以后的教育改革,虽然各自形式上的差异都挺大,但味道其实都差不多——学而优则仕。也就是说,我们过去的教育体系,或暗或明地都是跟选官制度捆绑在一起,以至于到了明清之际,选拔官员的科举制和学校已经分不出彼此了。老百姓"进学"就等于迈进了预备官员队伍的门槛,所以穷酸的范进进学回家,老丈人胡屠户要拎串大肠和一瓶酒来看他。

但是,1905年的改革,尽管主导者心里未必全然清楚,改革的实质,却是要彻底泼掉"学而优则仕"这碗千年老汤,在中国建立西方导向的现代学校体系。所以,这次改革,才真正算是我们摸到现代门槛以后历次改革的始祖,当然也就对后面的改革一直存有某种恒久的价值和意义。

教育改革是新政的大动作,跟教育改革相比,其他如行政改革、司法改革,甚至预备立宪,还都是上面热闹底下冷,哪个也不及教育改革影响的深度和广度,连农村的三家村私塾,都感受到了震动。

众所周知,清朝的科举制是跟学校制度捆绑在一起的,其密切程度到了当时的人根本没有意识到这其实是两个东西的地步。然而,悲剧也就此发生了,明明是改革教育,却拿选官制度开刀,以废科举作为兴学堂的前提。其中暗含的意思就是,兴学堂必须废科举,学堂之兴起,所取代的是科举制度。实际上,当时的教育改革,真正需要出现兴替的,只是从国子监到各个府、州、县的官学,以及部分书院和社学之类的私学,与新兴的学堂系统之间的事情。

废科举对于主持变革的政府来说,危害是致命的。科举制从它诞生那天起,对中国政治就起着三种作用。一是作为士人与王朝之间的纽带和管道，即何炳棣先生所谓的上升的阶梯，一方面通过考试的方式将优秀的人才都吸纳到官僚体系中来，一方面使大部分的读书人连接在了朝廷的战车上，让他们围着科考的指挥棒转，等于是围着中央政府在转。以明清为例，王朝除了官僚的金字塔之外，还通过科举制度建构了一个从进士、举人、生员再到最底层的童生的更大的金字塔。跟传统社会的别的结构相比，这个金字塔拥有最一致的价值导向和无与伦比的向心力。二是作为官方意识形态灌输的渠道，将官方对儒家的标准解释，以考试的标准而有程序的形式贯彻下去（显然，官方意识形态的内容是什么并不重要）。三是维护上层文化的同一性，通过定期的考试，使得地域和文化差异如此巨大的不同地区的文化人，产生强制性的交流，而不至于因彼此的隔绝而出现文字表达上的变异。这种变异，无疑是分裂的迹象和征兆。不言而喻，科举制的三种功能，对于王朝政治的维系以及遏制地方主义是有着非常重要的意义的。许倬云先生将中国的文官考试制度称为中国文化的三原色之一，显然是有道理的。

新兴的学堂系统，主要是面向社会的，它一方面通过基础教育提高国民的文化素质，另一方面通过大学和各种专门学校，为社会培养各种各样的人才。现代社会所需要的各种专门技术人才，也只能通过学校的途径来生产。学校教育，其结构只能是多元的，不可能由中央政府一家操办。所以说，从某种意义上讲，新学堂所体现的品格，与科举制恰恰是相反的，实际上不能用新式的学校体制来取代科举制。然而，在新政中，我们却看到了一幅十分怪异的图画，无论改革的推行者，还是原来依附在科举制金字塔上的读书人，其中大多数人的心中，学堂变成了科举当之无愧的替代物。一边是政府忙不迭地授予那些学堂的优秀毕业生（留学生）以相应的贡生、举人和进士头衔，以至于冒出了"牙科进士""农科举人"这样不伦不类的名目，一边则是全国的读书人理所当然地认为，大学生相当于进士，中学生相当于举人，小学生相当于秀才。

这种比附，极大地消解了这场教育改革的阻力，尤其是来自下层的阻力。在科举时代，秀才每三年考一次，各省的名额有限，从少的753人（贵州）到多的2845人（直隶）不等。太平天国之后虽然有所增加，但最多的也不过加了几百个（见张仲礼：《中国绅士——关于其在19世纪中国社会中作用的研究》）。每次考试，县、府、院三场大考，不考糊了也得脱层皮。中个举人就更难，有的地方一个县多少年也出不了一个举人。别个不讲，单说以译介西学闻名的严复，自打英国回国以后就张罗考举人，一连考了几十年也没考上。现在可好了，只要有点钱，似乎就可以实现过去难以实现的科场梦了。所以，童生们一窝蜂地涌进了小学，秀才们则进了中学，举人、进士则张罗着进大学或者出国留学（当然也有明白人"越级")。大家突然之间，都升了一级。

改革的阻力虽然消解了，但农村社会却因此而陷入了混乱。以私塾为代表的旧式乡村教育，遭遇了灭顶之灾，而因私塾垮台引发的一系列问题，也逐渐浮出水面。

毫无疑义，私塾赖以存在的导向是科举制，没有了科举制，私塾存在的合法性就要大打折扣。教育改革如此快地推行，不仅私塾的导向迅速丧失，而且逐渐地拉走了私塾的学生，也拉走了私塾的教师。从此以后，私塾教育一落千丈，不可避免地走向式微。

在那个时候，私塾教育是一种相当普及的教育。它的成本很低，只要有个房子，有张桌子，再有个三家村学究就可以开办（学生用的桌椅都可以让他们自带）。农民家的男孩子，只要还有口饭吃，往往都会被家长送到私塾里去学两年，认识几个字，因为费用极低，一点米、一条干肉（标准的束脩）或是别的什么都可以（事实上，农村里的教书先生仅靠教书是养活不了自己和家人的，他们往往还要种地糊口）。农村的私塾虽然有许多层次，乡绅的家塾师资和条件都比较好，强宗大族的族学，条件也不错，但更普及的却往往是那些根本不起眼的，由三家村学究主持的乡塾。事实上，那时农村的私塾教育，至少那些最低档最普及的私塾，其功能和导向存在相当程度的分离。私塾的功能当然首先是把个别的农村孩子教成读书人，其中只有极个别中的极个别分子可能进入科举的程序；但是其次，或者说主要的功能则是教众多的农家子弟认识几个字，有的还教一点珠算，好让他们能记个账、看懂文契和官府的文告。除了这两种显而易见的功能外，私塾实际上还存在着第三种功能，这第三种功能是与传统农村的生活状况紧密相连的。我们都说，传统的农村是一个礼俗社会，礼俗既是农村日常活动，也是农村人的基本行为准则。但是，无论是婚丧嫁娶的各种礼仪，还是年节庆典的各色风俗活动，都离不开知书达礼的读书人参与其间，既要主持喊礼，又要从事各种文字事务。显然，这种文字和礼仪的传承，都要靠私塾这种旧教育，新学堂是不沾边的。从表面上看，这种文字和礼仪的传承，对生活并没有特别紧要的关系。实际则不然，农村人不仅日常调解和叙事话语要依赖它，而且乡村组织的活动、农村人的风俗行为，没了它也无法正常运转。

新政教育改革的结果，不仅是吸走了乡村的精英（新教育与旧教育不同，需要师资和设备，学堂办得好的，只能在城市。改革的暗示非常清楚，只有走出去，才会有出息，走得越远，出息越大，最好是到欧美留学），而且无可挽回地毁掉了乡村的教育。

问题是，尽管新政的改革力度不能说不大，虽然说先进的中国人学西方也学了几十年，洋也进来了几十年（主要是洋教士），但当时的中国农村，却依然是一个传统的农村。有的地方是刀耕火种，有的地方是牛耕人种，跟西方人没有来之前并没有什么两样。传统的农村，没了传统的读书人，就等于没有了乡村文化的灵魂。而没有了私塾，传统的读书人也就没了传承的渠道，终有一天会有油尽灯枯的时候。其实，用不着等到那一天，自新政以后，农村的社会生态就已经开始被破坏了。这种破坏，并不止于旧教育毁去，新教育不来，还包括农村礼俗社会规则和行为方式的紊乱。农村逐渐丧失了原有的调节机制，无法完成固有的循环和运转。民国以来，虽然乡村的风俗还在延续，但灵魂却已丧失，日见零乱和无文。乡村的组织，从宗族到乡社，无不处于风雨飘摇之中。中国的农村至少在文化层次上，已经陷入了现代化变革的深渊。20世纪30年代许多有志之士从事的乡村改良试验，往往从乡学的建设入手，实际上已经意识到了问题的实质所在。只是，他们的努力无法使这个已经扭曲变形而且残破的乡村世界复原。

几千年来，中国经历过多次的经济和社会的转型，也经历过无数次的战乱和破坏。农村总是保持着自己的弹性，往往能够很快地从破坏中恢复，在变化中适应，其强大的组织力和整合力，不能不归功于乡村世界独特的文化状态、那种大传统小传统水乳交融的结构、那耕读难分的传统、那生生不息的礼俗传承。在中国农村，绅士和农夫没有截然不可逾越的界线，上层文化也难以离开下层文化而独自生存，反之亦然。中国的现代化也许是必然的，但这种大规模异质文化输入背景下的现代化，似乎必定要导致中国乡村文化的破败。从某种意义上说，在整个现代化的过程中，西方的属性是城市，而东方则是乡村，城市必然要吞噬乡村。

新政已经过去了将近百年，但当年教育改革的过程却并没有因江山的易代而中止它的步伐。西式的教育，从开始的不伦不类逐渐变得有模有样。但是教育的每一次进步，往往都以损害农村为代价。

也许，出路只有一个，那就是彻底消灭农民，像美国一样，只有农场主，没有农民。可是，在中国，行得通吗？

私塾消失背后的黑洞

自从2002年我在《书城》上介绍了湖南平江的私塾之后，引起了各方的关注，大小媒体蜂拥而至，据说相关的讨论会也开了几次。出于中国传媒可以理解的习性，所有的相关报道都好像是身处第一现场的独家报道，所有的议论都出于自己的独家发现。在这个小小的热闹中，大家对平江私塾的论说，自然是七嘴八舌，说什么的都有。视私塾为"落后的教育形式"的言论固然令我不喜，对私塾一味地颂扬同样也使人胃口不爽。令我想不到的是，2003年年底，我在香港访学的时候，一位到平江做节目的中央台记者电话告诉我，平江最后一个私塾随着岁末一块儿关门了。回来后，在电视上看到了这位记者做的短片，向世人宣告：中国从孔夫子开始的、延续了几千年的私塾教育，终于落幕了。

其实，平江最后一所私塾的关门，并不是中国私塾教育的终结。这个终结原本要早得多，大体是在清末新政废科举兴学堂时装入棺材；1922年白话文被定为官方教材之后，钉上棺盖；及至中华人民共和国成立后，基本上已经入土为安了。我和妻子在平江发现的东西,严格来说,只能算是私塾教育在特殊环境下残存的活化石。它的存在,从某种意义上说,只有生物体上的意义,作为一种社会存在,已经等于消亡了。平江私塾的最后消失,虽然比我的预期要早了一些,但也在情理之中。在汹涌到来的现代化浪潮中,跟全国其他地方一样,平江的山乡也是正在消亡中的农村。在我调查的当时,就已经感觉到,平江农村私塾赖以残存的文化环境正在逐步被破坏,成年人长年到广东打工的越来越多,当年的一位受访者在赠给我几首诗之后,就来信要求我替他在北京找工作。与此同时,人们的礼俗需要也在向时尚"进化"。皮之不存,毛将焉附?即使没有官方不合作甚至压制的态度,私塾也不可能长久地生存下去。

尽管如此,平江私塾的发现,对于中国的学界依然具有重要的意义。因为,平江私塾的存在,事实上揭示了西方所谓的大渠道教育(学校教育)跟农村日常生活以及民俗环境的关系。在传统的中国农村社会,虽然理论上有官学和私学之分,但真正起教育作用的只有私学。官学设在城里不说,而且基本上没有什么教学活动,官学对于农村社会的意义只是通过其学生(生员)体现的。对于农民来说,进了官学就等于跨进了科举的门槛,官学实际上等于是古代社会选官制度的一部分。所以,真正意义上的学校教育,是由各种名目的私学实现的,其中,私塾是最常见和普通的部分。在接触平江私塾之前，我一直认为，由于戏曲说唱等小渠道教育，农民喜闻乐见，有寓教于娱的作用，所以理应是农村社会教育的主角；农民的意识构成，主要来源于这些说说唱唱的东西；所以，对于农村而言，小渠道教育的价值理应更重要。因此，在我论述传统农村教育的时候，给了小渠道更多的笔墨，对于乡村的学校，只是一带而过。然而，平江的私塾纠正了我的偏颇。

中国的农村，事实上是个礼俗的社会，以养生和送死为核心的人生礼仪活动，实际上构成了农村日常生活的骨架。对于局外人来说，婚丧嫁娶、拜寿上坟、年节祭祀，无非是些繁复的仪式和吃喝热闹。但处在传统农村环境中的人，如果离开了这种仪式，日常生活就没有了灵魂，甚至可以说生活就没有了意义。一方面，传统社会的农民离不开礼仪活动，可另一方面，在那个时代，这些礼仪活动程序之繁复、讲究之复杂，又是普通农民所无法掌握的。所以，私塾教育除了文字和道德知识的传授之外，一个重要的功能就是传授礼仪，即平江人所谓的"学应酬"。学生不仅要跟老师学习各种礼仪活动的仪式程序，还要跟随老师掺和婚丧嫁娶，现场实习主持仪式（主礼）。所以，传统的礼仪从内容到形式的传承，事实上是通过私塾来实现的。在所有具有传授礼仪职能的私塾中，少数能够完成学业的人，无论能否进入官学，踏上科举的阶梯，都成为事实上的乡村之"儒"（儒的本义就是主礼者)。能够熟悉和主持礼仪,不唯受人尊重,而且能多得一份收入(当然,有功名的人更具有主持礼仪的资格,只是身份太高的人,比如举人老爷,不大可能受如此的辛苦,一般只是象征性地过过手,比如"点主",在绝大多数情况下,真正的主持者还是那些没有身份的"儒"和穷秀才)。而多数只识了几个字就半途而废的农民,也因多少了解一点礼仪知识,而成为礼仪活动中很能配合的一群。据统计,在传统时代,农村中男性成员,上过私塾的人比率是相当高的,可以达到50%左右[参见E.S.罗斯基(E. S. Rawski)的研究和李景汉的定县调查]。有这样大的一群人很懂行地配合,任何复杂的礼仪活动都可以顺利地展开。我在许多地方收罗旧书时,都收集到了一些线装和手抄的"礼仪书"和"称谓录"之类的东西。礼仪书上把婚丧嫁娶各种礼仪形式的程序、步骤都讲得十分清楚,关于丧礼,不仅有仪式程序,还有各种挽联的写法;甚至我还见到过一本手抄的《写包本子》,是专门介绍如何写上坟的"红包"(纸钱袋)的,针对不同的对象,有不同的写法。这些东西,据说已经传了几辈、十几辈子(从其破旧的程度也可以看出)。看来,农民很早就把礼仪从儒家典籍的《三礼》中简化出来,变为切实可行的教程。

"礼"在农村社会的意义,很大程度上在于秩序的建构和维持。农民固然可以从乡间戏剧说唱中知道什么是帝王将相、才子佳人,仰慕忠臣义士、义夫节妇,但却只有在不断的礼仪演练中，才可能明了什么是大小尊卑、昭穆远近，学会怎么样进退有据、行止有节甚至礼让恭谦。从某种意义上讲，煞有介事的礼仪气氛和一板一眼的礼仪程序，是乡民学会服从秩序的最好老师，而演礼导致的肌肉记忆，远比言者谆谆的说教更有效。也可以说，乡村社会的秩序，主要是靠礼仪活动的展开来维持的。也许，这就是自孔子以来，儒家学说的内涵经过了许多次的转换，但礼依然是其核心内容的原因。实际上，私塾的其他教学内容，也跟"礼"不无关系。对儒家经典的学习、掌握，从某种意义上说是学习礼的内涵，而文字的训练，比如"对对子"的练习，在乡下的功用就是写对联。对联不仅用在年节，而且用于相互往来，吊死贺生。从这个意义上，上学才真的能实现"知书达礼"。因此，我们说，私塾教育和乡村社会的日常生活是密切相关的，属于一个有机的整体。私塾和乡村社会的乡绅一样，具有牵一发动全身的地位。私塾教育的缺位，从长期来看，不仅会导致农村识字率的下降，而且会使乡村社会的既有秩序出现紊乱。

显然，清末新政以来的教育改革，对农村社会产生的影响，事实上超过了学者们所能给出的估量。传统私塾教育的迅速衰落和乡村精英的流失，背后是农村日常生活的失常和礼俗秩序的紊乱。在军阀混战大背景的配合下，最后只能导致乡村暴力化倾向的泛滥，对中国的未来政治走向产生了导向性的影响。当然，任何后发现代化的国家，现代化的过程总要付出代价。也许有人会说，乡村的衰败，就是现代化不可避免的成本。然而，清末以来教育改革的成本，并没有在乡村的迅速败落面前停止支付，所谓新旧教育嬗变所蕴涵的文化尴尬，实际上一直折磨着国人，直到今天。

晚清以来，传统和现代的二元对立日益凸显。传统就意味着旧，意味着落后，现代则代表着新，代表着进步，体现着进化的方向。只要是现代的，就意味着具有道德上的正当性和行动上的可行性。更可悲的是，作为被西方逼上现代化路径的中国人，我们几乎忘记了在所谓的传统和现代的二元话语中，事实上隐藏着的是中西文化冲突的命题。西方的传统和现代命题，和我们的并不是一回事，他们的传统与现代是一个脉络里的延续，现代里也包含传统的东西，现代对于传统，更多的不是背反，而是扬弃，甚至现代性的启蒙，也可以借复古的名义进行。但是，到了中国的语境里，事情则发生了变化，传统意味着中国，而现代则等于是西方；现代化的过程，不管我们有无自觉，事实上都包含有以西方替代中国的意义。以汉语教学为例，在基本上放弃了拉丁化的尝试后，绝大多数教和被教的人，其实并没有意识到我们的教学实际上还是一个"以夷变夏"的过程。自《马氏文通》以来，汉语一直在被主谓宾、定补状的语法体系所阉割着，被名词、动词、形容词的分别肢解着。从小老师就告诉我们，王安石的名句"春风又绿江南岸"之所以有名，是因为他把形容词"绿"当作动词用。长大了才知道，其实汉语原来根本就没有这种动词形容词的分别。所有的语法概念，不过是人们借来切割，不，凌迟汉语的西方语言学的手术刀。当然，跟所有的手术刀一样，凡是叫这个名字的东西，都意味着"科学"，因此具有无法抵御的魔力。

更耐人寻味的是，从白话文的改革到汉语拉丁化的尝试，主导者莫不以平民主义为圭臬。据说把"引车卖浆者流"的语言引入书面文字，不仅可以把文言的死文字变活，而且还可以提高平民的识字能力。然而，在改革实践中，真正落实到纸面上的文字，则流为各种形式的欧化语式，长句子加倒装只是比较露骨的一种，而较为活泼的散文体则比较隐蔽。而落到教育层面（白话文的提倡，没有经过几场像样的战役，就在提倡尊孔读经的北洋政府首肯下，在全国中小学推行，1922年北洋政府宣布废除所有的文言文语文教材，代之以白话文），白话文的教学，并没有获得提倡者预期的效果，使平民的语言学习更加便捷容易，书面的文字能力得到迅速的提高。美籍华人学者唐德刚说，他在私塾的时候已经读了《文选》和《通鉴》这样的大部头，转入小学却要大念特念"早晨和雄鸡""喔喔喔，白月照黑屋"。这种"喔喔喔"的语文教育，固然背后有西方教育学和心理学的支撑，但喔不出名堂是肯定的。身为学者、吃文字饭的唐先生，他用中文写作的功夫，估计十有八九不来自这些"喔喔喔"。今天，语文教学效率低下的问题，已经成为教育界和网上议论的话柄，九年甚至十几二十年教不出能写流畅母语文字学生的现象，并不是个别的事例。然而，我们的教育部门，其实对此并不真的在意。因为，说到底，现在衡量国家教育的现代化程度的指标，跟学生汉语程度的高低没有多少关系。

尽管私塾因师资和生源的差异，教学效果不一，但在汉语教育上的功效，却是不容否认的事实。这说明，传统的学校教育方式，应该有其合乎汉语规律的成分，尽管它很土，很不现代。不仅如此，私塾还告诉我们，对于中国人来说，语言的学习，并不只是个文字的识别、掌握和训练的问题，汉语教育，原本就和中国文化的母体息息相关。当中国文化的命运沦落到被逐渐边缘化的地步，学生对汉语的掌握不可能好，甚至，对汉语本身都不会太在意。眼下，高考的英语已经和汉语语文一样，达到150分的水平，意味着在中国的中小学里，英语的学习时间和力度都要超过汉语。在此之前，大学生学习英语的时间，已经占到大学期间所学全部科目的三分之一到一半。教育部所提倡的英语教学正在成为时髦，中国的现代化终于迎来了它的双语时代（其实是英语偏重的时代）。也许，过不了多久，学生会写的汉字不多了，人人说话都夹杂着一个又一个的英语单词。西方人说，所谓的中国人，不是一个种族的概念，而是一个文化的概念。不知道按这个说法，到那时候，这个世界还有中国人没有？

私塾的消亡，暴露的正是一个巨大的文化黑洞。

庶民的世界

太政治的"花业"

"花业"不是花卉行业,这是个老词儿,指娼妓业。过去不仅有花业,还有花捐、花税,现在关于"花"的捐税都没有了,但花业还在。吴趼人的《二十年目睹之怪现状》里,某船妓有言道:"做官和我们做妓是一样的。"明显属于吴某这个海上文人对政府官员的污蔑。我的文章扯花业带上"政治",绝无类似吴某的"恶攻"之意,所要说的,无非是清末民初曾经辉煌过的,而且照章纳税的娼妓业的一点旧事。

关于娼妓业繁盛,有一种说法是这样的:中国人的婚姻是生育型的,家庭的轴线是父子。所以,做妻子的在性生活方面往往不那么在行,男人要追求性生活的快乐,不得不到性技巧比较高的娼妓那里,所以即使妻妾成群,男人还是要嫖。不过,中国历史上也曾有过性方面很开放的时代,即使是夫妻之间,也浪得紧,却不见娼业因此有所衰败。所以,这种说法虽然不能说一点道理也没有,但更像是给男人找的寻乐的借口。在这么大的中国,一回到历史那里,理论总是要触霉头。反正不管怎么说,中国的娼业,或者说花业一直很繁荣就是了。王朝兴也罢，亡也罢，反正人家商女都在唱后庭花，基本上不受干扰。

人说有名妓而后有名士。不知是名妓培养了名士，还是名士捧红了名妓？这个问题更像是先有鸡还是先有蛋，恐怕任谁也说不清。其实，没有做官和做了官的读书人（士），都喜欢跟妓发生点故事，只是名士和名妓之间的故事更有传播价值，所以留下来的比较多。清朝之前，官妓比较发达，朝廷对这项赢利很大的事业，一直坚持"公有制"原则，从业人员国家管理，收入上缴国库。清朝时废除了官妓制度，不过依然压不住官绅们的欲火，结果是民营花业一天天兴旺了起来。花业民营了，游冶其间的名士（准确地说应该是文学家和政治家）和准名士们也就更自由了。浅斟低唱并肉帛相见之余，给小姐们打分品题成了文人墨客的千古雅事，因此有了"花榜"。科举本是男人的命根子，但这个时候却被拿来为女人打趣。花榜跟金榜一样，分状元、榜眼、探花，然后是二甲、三甲，凡是上不了榜的，"辄引以为憾"。其实，这种盛事据说早在清朝初年就有了，但一般是偶一为之，而且都在江南。此时北京由于朝廷明令禁止官员嫖娼，所以大家都改了去逛"相公堂子"（优人），自然也就谈不上给妓女评"花榜"。

自打晚清太平天国运动之后，上海这个小小的县城陡然之间就膨胀了起来。一方面是因为洋人看上了这块风水宝地，一方面是战乱把江浙一带的财主连同财产都赶到了这里；关键的是这里地处扬子江的末端，是长江三角洲的核心，腹地辽阔，几乎囊括了大半个中国，有着最好的经济前景。繁荣总免不了娼盛，所以上海的花业也就一天天繁盛起来，不仅压倒了原来的妓业胜地大同、陕州，就连北京和南京也只好自叹弗如。上海的繁盛是由于有了洋人，洋人的租界是国中之国，虽然里面住的大多数是黄脸汉（婆），但管事的工部局却是白面皮，清政府的顶带花翎，在里面什么都不算。繁荣的上海养娼妓，也养文人。在这么个华洋杂处的地方，欧风所及，文人们习染多少民主自由不得而知，但逛窑子敢大肆招摇倒是真的。不仅招摇，而且还办了报纸渲染自家的风流韵事，把中国的报业着实推进了不少。于是，上海租界的妓女有福了，在被按姿色才艺排成"书寓""长三""幺二"之外，还定期举行花界"科举"，其频繁程度，多时达到每年四五次。每次都由小报主持，文人们推荐，选举状元、榜眼、探花，有几年还按色、艺分别评选花榜和艺榜，后者走武举的路子。

进入民国以后，由于科举早就废除了，大家对状元、榜眼什么的也腻了，新鲜的是总统、总理和督军。所以花榜的头衔变了，改成花国大总统、副总统、总理、总长。推举方式也跟着民国一块儿进步，从原来的文人写信推荐，改为开大会投票选举。西方的民主制度，不仅在政坛，而且在花界也得到了体现。有选举就有竞争，跟从前妓女坐在家里等人评比不同，现在她们要登台竞选，表演才艺；有后台、财力充足的，还要散发传单，甚至在报上打竞选广告。在选举中，连"执政党"和"在野党"的名目都出来了，有人真的提议让"野鸡"（没有执照的街头低等妓女）以"在野党"的身份参加竞选。花界选举唯一跟政坛选举有点区别的，是没有"民族国家"的限制，由于举办单位不同，你搞花国选举，我搞香国选举，反正上海的花界从业人员是越来越多，不愁没有人参加。政坛上有贿选，花界选举也一样。曹锟选民国的总统要买选票，上海的嫖客们选花国的总统也要买选票，只是曹锟每张选票花3000到5000不等的袁大头，花界选举时冤大头们买下几万张选票也花不了那么多。妓女们不仅乐意顶着民国所有威严的官衔招摇过市，而且还喜欢穿印有国旗（五色旗）图案的裤子（注意：是下半身，不是上半身）。看来，总统、总长的头衔和国旗的图案，对妓女们招徕客人都有莫大的好处。

民初的文人们煞费心思在花界弄名堂，从操练模拟科举到操练西方民主，其实就是些玩女人别出心裁的花样。而被玩弄的对象，则乘机花熟客的钱为自己的生意做点广告，双方两厢情愿。很可能旧时文人治国平天下的所谓抱负，本来就是自己骗自己的鸟话，政坛与青楼在人们心目中，本是一样脏的所在，所以逛窑子之余拿政治开开涮，也算不上是什么亵渎。实际上，在那个时候，也没有听说过总统和总长们对妓女分享他们的头衔有过不满的表示，很可能这些人一旦下了野，也会加入评选花榜的行列。

从被动地被人品题，到站出来竞选，花界中人多少濡染到一些时代的气息，真的起来撞一下政治的腰。当严复的《天演论》风靡天下，读过点书的人口不离"物竞天择，适者生存"的时候，在上海读书的胡家小公子给自己改名"适"，字"适之"；而同时，上海的花界也冒出来一个"青楼进化团"，不止名字时髦，而且还能做一点时髦而又符合自己利益的事情，举行义演，募集资金，为妓女们办学校。"五四"运动的时候，上海学生罢课，商人罢市，工人罢工，而妓女也罢了工，而且积极响应学生的号召，抵制日货，把自己的日本货如生活和化妆用品之类拿出去烧掉。

从选花国总统到动员花国爱国，时髦的事情上海人总是做得多。相形之下，北方的花界声音似乎没有那么响，但对政治的参与，却相当深。庚子国变，八国联军打了进来，满清朝廷作鸟兽散，没走的王公大臣，不是吞烟就是跳井，奉命议和的李鸿章又迟迟不肯进京；这时候据说实际上是一位石头胡同（八大胡同之一）的名妓成了主事的了，她就是曾经做过状元如夫人的赛金花。赛金花出身苏州妓家，陪着状元公洪钧出过国，会几句洋泾浜的德语。人们都说她跟八国联军统帅瓦德西睡过觉，吹枕边风，吹得北京并北京的老百姓少受了不少祸害。其实，在赛金花故事之前，义和团就曾经捧出过一个船妓出身的林黑儿，说她是黄莲圣母，指望她可以闭住洋人的枪炮。那时候，林黑儿乘八抬大轿，几十个团民护卫，招摇过市，任你是科门高第还是朝廷命官，都得对她行礼如仪。林黑儿本人也经常从袖里拿出一包螺丝钉，说是昨夜梦里元神出窍，从洋人大炮上拆下来的。事实上，这两个妓女的事迹都是人们编的故事，赛金花的故事由南北文人合谋编出，水平比较高，而且不太好验证，所以至今仍然有人信。而黄莲圣母的神话当时就露了馅，加上义和团的大师兄二师兄们文化不高，故事编得不圆，所以同是妓女，林黑儿只好屈尊于赛二爷（北京当时对赛金花的称呼）之下。其实，林黑儿至少真的在义和团里干过，算是参与过政治的最高形式——战争，而赛金花原本什么都没有做，只是趁乱做了几单外国生意。

可不管怎么说，至少在人们心目中，北方的花界总算是在政治上露了回脸，一出手就是大手笔。同样的大手笔在袁世凯称帝的时候，由八大胡同的同仁们，又弄了一回。那是帝制闹得最热闹的时候，袁世凯在新华门里故作姿态，扭捏着不肯出来穿龙袍。于是党羽们鼓动各地派遣各种名目的"请愿团"进京，有商界请愿团、妇女请愿团、农民请愿团、乞丐请愿团，等等，一起拥到新华门，要求袁大总统再高升一步。而八大胡同的妓女们，不失时机地冲出胡同，组织妓女请愿团，跟大伙一块起哄。领头的一说是小阿凤，一说是花元春，都是民国史上大大有名的红倌人。妓女请愿团虽说人数不多，但由于颜色靓丽，身段婀娜，特会招摇，所以引来围观者甚众，如果从造声势的角度来看，的确给洪宪帝制添了若许声色。

洪宪帝制虽然很快就在各地的反对声中销声匿迹，一世之雄的袁世凯也翘了辫子，但八大胡同可从此跟民国政坛结下了不解之缘。这回不是名妓跟名士搭伴了，名妓跟高官，而且是现任的高官关系更密切。其实，还在袁世凯的时代，政府高官公然逛窑子已经是家常便饭，被后世传为佳话的蔡锷与小凤仙的故事，其实不过是在京高官的一项业余活动。只是袁世凯死了以后，高官们的公事也挪到胡同里办去了。冯玉祥回忆说，当年他上京办公事，却被拉去吃花酒，人还没坐定，呼啦啦来了一群妓女，一屁股坐在总长（中央政府的部长）腿上，就揪胡子打耳光，总长还哈哈地笑。丘八出身的冯玉祥少见多怪，其实民国的政务，多半是在胡同里决定的。政坛风云、战场烟雨，都多少跟名妓的石榴裙有那么点关系。政府官员如此，国会议员更是八大胡同的常客，他们除了在国会开会的时候互相扔墨盒摔椅子打架之外，基本上都泡在胡同里。民国第二届国会，被人称为"安福国会"，安福者，八大胡同之一的胡同之名也。说起来，毕竟北京是首都，当上海的妓女还满足于花国政府官员的虚名时，这里的姐妹们已经把政府带国会一起给操纵了。

　　自清末民初以来,妓女一直是一个特殊的群体。其特殊就在于,这些妓女在家为平民女的时候,做梦都见不到的大人物,做了妓女之后就都见到了;不仅见到了,而且还见识到了这些人的满腹"经纶"。

流氓大亨的脸面

黄金荣和杜月笙是民国年间上海青帮最有名的两位流氓大亨。按当年上海的规矩，有名到了这个程度，就应该叫"闻人"了；不过，闻人这个称呼，除了民国时期的上海之外，大家都不大明白其真实的含义，所以，只好委屈二位，依然称他们为大亨。虽然有点对时下有关电视剧跟风从俗之嫌，为了通俗计，也顾不得那么多了。

两位大亨之中，黄金荣出道较早，实际上属于杜月笙的师辈，黄在法租界做华探、黑白两道通吃的时候，杜还是上海滩的瘪三。可是最后却是杜后来居上，不仅名声，而且实力远远高于黄金荣之上。害得原来一起混过的蒋介石跟北伐军杀回上海，要对付共产党的上海工人纠察队，都不找黄金荣，而偏劳杜月笙和张啸林（当然，也因为这个缘故，解放的时候，黄待在家里不跑，而杜明知道蒋介石不待见他，也得开溜，但只好待在香港，客死他乡）。

在一般人看来，做流氓都是不要脸皮的，坑蒙拐骗偷，什么都能干，进了监狱，出来还是冯妇再做，要什么脸哪。

鲁迅先生说他到天津，碰上青皮（天津的流氓），非要帮着提行李，一件两元（那是银洋）。你说行李轻，他要两元；你说路近，他要两元；你说不要他提了，依然是两元；似乎不要脸到了家了。其实，在那个时代，流氓也是讲脸面的，而且有时候讲得还挺凶，只不过，人家脸面的含义跟一般人有点不同。就说青皮吧，上街去混赖当然浑不论，可两下较量起来，如果装熊喊叫，小人物的话就算栽了面，再也别想在地面上混。大人物吃了瘪，如果不想法找回来，也算是栽面，从此在圈子里没了脸面。天津如此，上海更是如此。黄金荣事业走下坡路，据说很大原因是他作为当时气焰熏天的青帮大亨，栽过面子，而且栽得很大。那还是20世纪10年代的事情，有天，黄金荣在看戏，女主角是他相好的红角，色艺俱佳。正看到兴处，猛听得观众里有人大声叫好，很是放肆。黄金荣怎么能容得了这个，当即派人将叫好的小子胖揍一顿。他不知道，挨揍的人刚好是当时上海护军使卢永祥的公子卢筱嘉。军阀手里有枪，怎么会吃这个气，在租界里不敢放肆，但出了租界，就是他们的天下。没几天，卢公子带着一排人，找机会把黄金荣照样再加利息揍了一顿。糟就糟在，黄金荣尽管手眼通天，却就是惹不起军阀，这口气一直就出不了，面栽大了，从此在上海滩就不那么有面子了。

有了前辈的教训，杜月笙聪明多了，有枪的人不惹，不仅不惹，而且倾力结交。无论东西南北大小军阀，差不多都跟他有点关系，甚至下了野丢了枪，只要到了上海，要借钱，也给。蒋介石作为北伐军总司令到了上海，要清共，他不仅出人跟工人纠察队闹事，给蒋介石提供下手的机会，甚至不惜破坏青帮的规矩，出卖自己的徒弟、上海总工会会长汪寿华，将他骗出来杀掉。其中很重要的原因，是他不想惹蒋介石这个最大个的军阀。不过，他也有不太能完全摆平的时候，比如1932年驻守十九路军的"一二·八"抗战，跟日本人打了起来，杜月笙本能地出钱出力，可是蒋介石却并不十分高兴，因为在他看来，这种抗战，破坏了他的通盘部署，因此也连带着对杜月笙有点不满。在以后的岁月里，蒋介石这个老相识，出于洗白自己跟黑社会关系的考虑，对杜月笙越来越不客气，不给官做，不给名誉，甚至1948年小蒋到上海整顿金融秩序，竟然把杜公子抓了起来。即便如此，杜月笙依然没有跟蒋介石撕破脸皮，因为撕破了这层脸皮，他的脸面就有危险了。

农民式的权力制约方案

传统戏剧里免不了有皇帝的形象出现,不过,戏里的皇帝,一律降一格,称王。头上断不敢戴24个旒的皇冠,只能扣上一顶花里胡哨满是绒球的"王帽子"(梨园弟子想象的王冠)。只是虽然不称皇帝不叫孤王,但所演的人物往往就是历史中有名有姓的皇帝,秦皇汉武、唐宗宋祖都有,并不因他们高贵的身份而"真事隐""假语村"。实际上,戏台上还是顶着"王帽子"演真皇帝。

演的虽然是真皇帝,但事迹可是真假参半。编本子(戏)的人,多半是些粗通文墨的下等人,看戏的则更多地是大字不识的老粗,时常就会有些为了"收视率"而加的即兴之作,虽说不至于关公战秦琼,但墨水多的文化人看了多半是要喷饭的。比较有意思的一桩是这样的:某些专演帝王将相的戏里,凡是那些戏里认为比较昏庸的"王帽子"身边,总有一些身份特殊的将相,比如唐朝的秦琼、尉迟恭,宋朝杨家将故事里的八王赵德芳,包公戏里的包拯,《二进宫》里的徐国公,等等。这些人的特殊,不仅仅是因为他们是为王朝建立不世之功的功臣，更重要的是他们手中都有某种兵器或者别的什么家伙，比如尉迟恭的金鞭、赵德芳的凹面金锏、徐国公的铜锤和包拯的龙头铡之类。这种东西的奇妙之处在于，它们都是经过先王"御封"的。这些功臣虽然有大功劳在身，但其本人却算不了什么，既管不了奸臣祸国，也管不了昏君发昏，但只要操起手中的家伙，马上威力陡增，因为这些家伙，是先王亲口封的——可以上管臣下管民，皇帝的脑袋也管三分，挨到谁的脑袋，一概打死毋论，惹急了，尽可以操家伙往皇后甚至皇帝脑袋上抡（实际上没有真打着的）；由于现任的皇帝总大不过他爹去（有孝道管着），所以一般都只好退让了事。当然，这些有特别家伙的将相，在戏里都是绝对的好人，忠诚——不会起叛心，公正——明辨是非，廉洁——都是清官。

现存的中国戏剧，除了昆曲之外，包括所谓的国粹京剧，都是下层社会的产物。编本子的人本来就文化水平不高，而艺人们学戏演戏，基本上是心口相传，因为他们不识字。因此，唱词念白中不合逻辑、文理不通的地方，比比皆是。近代以来，经老佛爷西太后的法眼，京剧得到了一大批上层人士的青睐，虽经过反复修改，我们今天听来，还是有点文理不顺，何况别的地方戏了。也就是说，大部分的中国戏剧，实际上反映的是下层社会的口味和心态，喜怒哀乐，概莫能外。能够"管君"或者"制君"兵器的设计，实际上是老百姓的某种希冀的体现。

在中国老百姓眼里，皇帝的权力是没有边的，说什么是什么，谁也挡不住。明白的时候当然无所谓，万一发起昏来，麻烦可就大了。在他们的想象中，皇帝总是昏的时候多，发起坏来，忠奸不分，好坏不明，横征暴敛，最后总是老百姓倒霉。即使是想象，也得想法挡他一挡。于是，那些受了先王御封的锤呀铜呀的家伙就出来了，拥有这些家伙的人是臣，可一旦操起家伙，就有了制约皇帝的权力，而且这些人都是好人。所以，皇帝也就有了百姓想象中的制约者，老百姓多少有了点保障，不至于无限制地受暴政的荼毒。

西方政治学讲的权力制衡，中国最没文化的老百姓，其实也是懂的。

发生在僻地山乡的一件小事
——闲话辛亥

1911年夏天,地处广东偏远山区的紫金县,发生了一件事情,说是邻县的一位在广州测量学堂读书的学生放假路过此地,不留神碰上了几个防勇。由于他剪了辫子,而恰好此时又赶上广州黄花岗起义发生之后,两广总督张鸣岐下令在全境搜捕党人,所以防勇们抓住了这个学生,要将他当革命党拿办。该学生急中生智,说我是学生,你们要拿我,先要跟我到学堂去通知一声。于是几个防勇押着那个广州测量学堂的学生,来到了紫金县唯一的一所小学堂,找到了学堂从广州聘来的格致(数理化)兼体育教员甘晖如(据说是位同盟会会员),甘对于这种剪了辫子的"同志"怀有天然的同情,马上将这位倒霉鬼藏到房里,又召集了几个学堂的学生,让他们去找学堂的总办——紫金县最著名的乡绅钟荣山。此时钟正在一位官员家里喝酒,仅仅听了学生的说词,就立即要他们回学堂将防勇捆起来,一切有他做主。当学生们摩拳擦掌地回到学堂时,四个防勇见势不妙跑了三个,剩下一个跑得慢的随即让学生们给捆了起来。

紫金县当时的巡防营负责人是哨官陈家裕，其时刚好与钟荣山在同一席间喝酒，闻讯后勃然大怒，当即质问钟荣山为什么纵容学生捆绑他的士兵。双方吵了起来，一个说，我做了几十年的官，没见过你这样的劣绅。一个道，我做了几十年的乡绅，没见过你这样的"芝麻狗虱官"有这样的威风。一个说少了士兵要对方负责，一个说你敢纵容士兵骚扰学堂，所有的损失都要你赔偿。最后知县出面调停，说好由他负责调查处理。这期间，那个广州测量学堂的学生早就溜之乎也了。

第二天，学堂方面提出，学生方面被抢去白银二百两、金表一只、金戒指一枚，要求巡防营如数交还，缺一不可，并要求哨官陈家裕办酒二十桌赔礼道歉。巡防营自然不肯，结果是由县署出了三百两银子，并办了十桌酒，事情才算平息。

这件事无论怎么看，除了那位测量学堂学生脑袋后面没辫子以外，与即将发生的革命似乎根本没什么关系。而在1911年，上海的报纸已经在公开要求剪辫，各大都市剪掉了辫子的学生和文化人如过江之鲫，招摇过市，甚至在政府官员中也混杂了不少没辫客，官府对此基本上是无可奈何。我所感兴趣的，是这件小事透出了另外的一些信息，其实与革命也不无关联，这些信息实际上告诉了人们，这场革命能够推翻满清王朝的更为深层的一些因素。

首先,我们看到,经过湘淮军兴起以来的几十年发展,特别是新政地方自治的刺激,乡绅已经成为可以轻而易举地左右地方政治的势力。自新政以来,无论官方还是民间的求新尝试,基本上是由他们主导的,从地方自治、司法改革到兴办学堂和推动立宪,这些乡绅虽然相当一部分人头脑还没有真正从中世纪拔出来,但脚却已经很活跃地踏在向西方学习的路上了。攫取和炫耀权力的欲望和趋时冲动,也许还要加上强国的梦想扭结在一起,使得乡绅主导的学习西方的过程充满了莫名的兴奋和热情。似乎具有讽刺意味的是,由于大部分乡绅对于他们所学的东西不甚了了,结果学习的过程掺和进了许多实际上为他们的价值观所根本不容的内容。像甘晖如这样的"叛党",就在求新的名目下,大量地被并不赞同革命的绅士们请进了他们花钱办的事业中。事实上,甚至可以说,具有反叛色彩的知识分子是与地方乡绅的势力同步成长的,而绅士的一部分,即所谓立宪派人士,在整个新政过程中,已经成了革命党人某种意义上的共谋。梁启超的说法显然是有道理的,辛亥革命的成功,他们也有一部分功劳。

其次,这个事件让人感到,无论是乡绅还是地方官,对于朝廷的事业都漠不关心。防营士兵抓捕没有辫子的学生,从维护满清统治来看无疑是天经地义的,具有完全的"正当性"。但是，这个行动却遭到了乡绅的坚决抵制，而作为朝廷命官的知县却也不问"是非"，一味和稀泥，屁股明显坐在了乡绅一边。其实，无论乡绅还是知县都根本没有同情革命的迹象，他们能这么做的原因，很大程度上是出于对自己事业的关注。那个乡绅似乎根本没有考虑过学生是否可能真的是革命党，以及这样的公然"包庇"会不会给他带来麻烦，"大胆妄为"到了连一丁点起码的政治上的顾虑都没有了。对他来说，学堂是他的事业，而大兵敢到学堂骚扰，首先是伤了他的脸面，为了维护学堂的神圣地位，尤其是为了维护他的脸面，必须采取强硬手段回击；而那个哨官居然敢在席间撕破脸皮吵闹，所以非得让大兵们赔钱赔情不可。至于知县，他关心的自然是他位置能不能坐稳，为政不得罪巨室是历来地方官的原则，所以他只能如此这般地和稀泥，破费一点息事宁人。在这里，上司追查革命党的命令被搁置了，可能的谋反罪的追究不了了之了，朝廷的利益也没有了。而那些行为似乎有"正当性"的防营，抓捕外地学生的真实用意是为了维护朝廷利益还是借机勒索，还真是说不清楚，否则的话怎么会在自家的士兵被捆绑之后，会如此轻易地被摆平。

相反，在这里我们看到，满清王朝的威信已经坠落到了无可挽救的谷底，出现了严重的合法性危机。原来作为政府支柱的官僚和乡绅，已经基本上对满清政府丧失了信心，在广大的基层，即使真的发生对朝廷的反叛行为，他们也并不在乎，他们更在乎的是他们自己别在反叛和平叛之间被殃及。这种现象，漫说是在清朝盛期和中期，就是庚子义和团事件以前也是不可想象的。可以说，辛亥年的中国，不仅盛产"叛党"和"叛民"，而且连官绅也离心离德了。正是由于这个缘故，当位于中国中心的武昌响起起义的炮声以后，清朝统治才会出现土崩瓦解之势，大批的地方官不是痛快地"易帜"，就是麻利地弃城而逃，多数情况下连革命党的影子还没见到呢，几个冒充的毛贼就足以让他们缴械交印。

应该说，自所谓的"同光中兴"之后，政治的重心已经开始从中央转移到了地方，开始了所谓的督抚专权的时代。然而到了新政时期，政治的发散趋向进一步加剧，各地大小的绅士以及新市民，开始成为地方势力新的代表，而正是他们对朝廷的三心二意，才导致了满清王朝的迅速瓦解。具有讽刺意味的是，恰是在朝野离心离德的时候，由满族贵族把持的中央政府，却一厢情愿地力求将已经散在地方的权力收回中央，甚至收回到满族贵族自家手里，结果是在最不该得罪人的时候得罪了最不该得罪的人。从紫金县的这件事情可以看出，在这个僻地小县最"牛气"的人，就是乡绅钟荣山，手中握有枪把子的哨官和印把子的知县都不得不让他三分——不，至少七分，他不仅敢于捆起"执行公务"的防勇，而且理直气壮地倒打一耙，要求本来有理的防营赔偿损失和赔礼道歉。个中的"理直气壮"，细想起来倒也不是全为无因，因为钟荣山维护的不仅是他个人的面子，还有新学堂的利益——这恰恰是代表着时代潮流的东西。

在今天看来，义和团失败以后的满清政府处境的确很难。不变革吧，王朝要亡；变革吧，革命党这种洪水猛兽的东西在求新学习的过程中就溜进来了。然而，从省城到县城的绅士们却没有这样的两难，他们只管求新趋时，新的事业与他们有着千丝万缕的联系，体现着他们的利益，甚至标志着他们地位的攀升。咨议局和自治局给了他们上干朝政、下断乡里的权力，而他们的子弟又纷纷进了学堂或者出了洋。虽然大家都知道从新军到新学堂里面尽是革命党，但不同的是，朝廷在追查，而绅士却在庇护。在内地活动的革命党人，除了那些铤而走险的，有几个没有受到过原本并不同情革命的绅士的庇护呢？实际上随着新政的推进，绅士已经将革命与学习西方看成一类的事情，他们明知道学堂里的先生思想不安分，但却听任其将自家的子弟教得离经叛道。我曾注意到这样一个细节，在革命真的到来之际，学堂的师生几乎都冲到台前，乡绅们理所当然地认为学堂的学生是"懂革命的"，乐意将他们推到台前，哪怕那些学生仅仅还是些不谙世事的娃娃。

尽管我们说绅士阶层是历代王朝的支柱，但每当大厦将倾之际，他们总是比别人更早地弃树而去，将目光只盯在自己的地方范围之内。晚清时节当然也不例外，只是晚清的绅士们自以为手头多了一根救命稻草，那就是他们手中的求新事业。虽然他们中的大多数对此还不甚了了，但他们相信那是已经被西方证明具有魅力的东西。

这也许就是紫金的乡绅钟荣山，毫不犹豫地选择庇护学生和对抗防营的深层背景。

当然，紫金事件能够告诉我们的还不止这些。在这个事件中，乡绅钟荣山之所以采取断然对抗的手段，还不仅仅只由于他的势高力大，还可能由于防营触犯了其绅士地位决定的某种忌讳，而这种忌讳，在传统社会里是为全社会所认可的。事实上，在废科举、兴学堂的过程中，存在着很明显的将学堂比附于科举的社会意识。大家几乎不约而同地认为，小学生相当于秀才，中学生相当于举人，大学生相当于进士，而当时的朝廷也确实将优秀的大、中、小学毕业生，分别授予进士、举人、贡生的荣誉衔。所以，学堂至少在潜意识里是被人看成学宫（过去秀才名义上读书的所在）的替代，对于紫金这种只有一所学堂的小县，恐怕这种比附意识就更强烈。而过去的学宫恰是一块立有"文武官员军民人等下轿马"的下马石的"禁地"，漫说大兵们不能进去造次，就是朝廷命官去了也得规规矩矩的。在钟荣山气壮如牛的背后，很有可能具有这样的意识背景。只是这种旧的意识存留，在此时恰好起到了保护新学生和新事业的作用。

从另一个方面，在普遍具有"学堂神圣"意识的情况下，几个大兵居然敢上门抓人，也说明自湘淮军兴起以来，武人的地位已经有了很大的提高。在晚清之前，漫说一个小小的哨官，就是正二品的总兵，也不敢对县政插半句嘴，更不敢随便靠近学官半步。在这次事件中，一介芝麻大的哨官，居然敢当着知县的面与乡绅对骂，而且虽然知县偏袒乡绅，但毕竟不能真的让防营出钱破费。看来，大兵们手中的枪杆子还是有分量的。这里，虽然有富国强兵国策的拉动，国人鼓吹纠正重文轻武风习被染，更多地却是王朝末世，文治秩序崩塌的必然结果。用不了几年，到袁世凯当政时，中国就进入武人跋扈的时代，新军（包括北洋军）演变成了大军阀，各地大大小小防营则转化成割据一方的土军阀，地方势力的代表则再一次发生转换，由绅士主导变成了军阀主导，或者说如学者陈志让所云，历史进入了军绅时代。如果那个哨官能知晓他们日后的命运，那么这件事情肯定不会这么轻易地了结。

历史总是乐意跟人开玩笑，在辛亥前后，巡防营是支在历史书上声名不佳的军队，因为他们往往更乐于忠于清廷，与革命党人作对。而大家对于新军则颇多溢美，因为在革命中他们往往扮演了起义中坚的角色。其实，在那个当口，巡防营响应革命的也不少，而新军也有忠于清朝的。只不过，当时前者是从绿营变过来的，人猥、枪次、饷也低，而后者则是效法洋人编练的西式军队，饷高、械良、人也精神，在人们的观感上就有了凤鸭之别。加上在革命前后新军倾向革命的多一点,而巡防营倾向清廷的多一点,自然巡防营就遗臭万年了。其实,在革命以后,凤鸭之别的新军和巡防营却殊途同归,都演变成了割据一方的军阀。当年洋气十足的新军将领,也轻车熟路地干起抽大烟、讨小老婆的勾当,做起了一省或者数县的土皇帝。

俗话说,一叶知秋。即使在今天,即使是广东人,也没有多少人知道紫金这个小地方,但是辛亥革命前发生在这个僻地小县的一件小事,实际上已经预兆了即将来临的大变动。

"《新生》事件"与日本的逻辑

前一阵,因亚洲杯中日决赛日本队遭到中国球迷大嘘,日本传出了要求中国修改教科书的声音,认为教科书里抗日战争的内容诸如"南京大屠杀""万人坑",是一种"反日教育",应该删去。听到这个消息之后,总觉得有什么地方有点耳熟,哦,想起来了,原来20世纪30年代,自"九·一八事变"到全面抗战爆发的这段时间里,中国人经常会被日本政府告知,要求中国政府取缔"反日宣传"和"反日教育"。其中,发生在1935年的"《新生》事件",就是此类中日交涉的"杰作"。

1935年5月4日,上海的《新生》周刊发表了一篇署名易水的文章《闲话皇帝》,在提及日本天皇的时候,稍有不恭之词。第二天,上海的日文报纸马上做出反应,说是《新生》侮辱了天皇。在上海的日本浪人马上上街游行,一通打砸,不少商家的玻璃橱窗倒了霉。紧接着,日本驻上海领事向国民政府和上海市政府提出抗议,要求他们向日本谢罪,严惩有关责任人,停止一切形式的反日宣传。而日本的国内,更是一片甚嚣尘上的"惩戒支那"的声音。自以为处在"剿共"关键时刻的国民党政府，此时表现得身段柔软而卑躬，不仅强令《新生》停刊，将《新生》的老板杜重远交付法庭审判，判刑14个月，而且撤销了让《闲话皇帝》漏网过关的上海图书杂志审查委员会，撤换了上海市公安局局长。这就是当时震惊世界的"《新生》事件"。

事情过去了将近70年，世界变了，中国更是大变了，但是唯独日本有那么一些人却依旧是老样子。本尼迪克特[Ruth Benedict，《菊与刀》(*The Chrysanthemum and the Sword*)一书的作者]说日本人的特性之一是特别在意别人对他们的看法，其实这不算是日本人的什么独特之处。大概但凡是人，都希望别人说自己好，不说或者当面不说自家的短处、坏事和糗事。东方人可能比其他地方的人对此更在意一点，西方所谓比较注意面子而已。可是，自甲午（1894年）以来的日本，实际上是在不停顿地干坏事，却又不停地用外交和武力威胁的方式不许被加害者说他们，这里已经不是面子问题，而是超级的强横霸道了。因为强盗抢劫杀人之后，一般不会在意被害亲属的抨击和叫骂，更不会出面制止这种苦主的可怜举动，但是当年的日本却能做出来。自甲午以来，每当中国局势稍有好转，日本就会有点动作。辛亥革命后好容易政局稳定了，人家出来逼袁世凯签"二十一条"，让袁世凯政权失去合法性；国民党政权取代北洋政府，好容易进入清亡后第二个稳定期，人家来了个"九·一八事变"，让亡国的危险始终压在本该大规模建设的国民政府头上，占了东北还不够，再占热河，再侵绥远和冀东，进而整个华北，害得平津连一张安静的书桌都放不下。欺负人欺负到这个份上了，还不许人家叫，一叫他们就抗议，就要"惩戒"。按他们的逻辑，他们在中国干的所有坏事，杀人放火抢东西占土地，都是中国人反日遭到的"惩戒"，属于他们的"自卫行动"。

日本战败已经半个多世纪了，这种超级强盗逻辑其实并没有真的在日本消失。只是现在没有条件像当年那样为所欲为了，只好把过去做过的所有坏事全不认账，不仅自己不认账，也不许受害人声张，否则就是反日教育、反日宣传。

当然，造成日本右翼有如此底气、张扬这种逻辑的原因，还有另外一些东西。毕竟很长时间以来，日本是给予中国最多援助的西方（泛意的）国家，有着那么多的低息贷款和技术转让。只是，日本人也许没有想过，虽然借了钱，帮了忙，但在历史责任问题上遮遮掩掩，半吞半吐，硬是对灭绝人性的化学战、细菌战等战争伤害置之不理，对慰安妇、强制劳工问题视而不见，拒绝道歉，拒绝赔偿，如此作为，无论借出多少钱，恐怕也难以让昔日的受害国老百姓对他们心存感激。

也许，有人会说，在日本持这种逻辑的，只是少数的右翼。不错，在靖国神社穿着"皇军"的军装，扛着三八枪游行的，开了放着最大音量喇叭的宣传车穿行街市的，在国会接二连三"失言"的国会议员，是少数的右翼分子。不过，沉默的大多数却对这种张扬的右翼言论和行为，表现出了太多的容忍甚至欣赏，以至于政客为了选票的缘故，时常要"失言"和非要一而再再而三地做点在邻居伤口上撒盐的事情。其实，在近代日本崛起的大多数时间里，狂热的军国主义者都是少数，只是少数的能量却日见其大，最后挟持了沉默的多数，使他们最终也变得疯狂起来。条件是，只要多数对少数的狂热缺乏足够的警觉，甚至在境遇欠佳的时候还对此表示某种程度的欣赏。

只是，世界毕竟已经变了，即使是一肚皮强盗逻辑，想要再次挟持大多数也不大可能了，因为这个世界已经不存在这样的情势了。日本右翼张狂的结果，其实最终伤害的还是日本自己，使其通往正常国家的道路变得更加崎岖。

警惕"儿戏战争观"的重现

早听说电影《小兵张嘎》改编成电视剧了,只是鄙人一向对所谓的"名著"改编印象不好,所以并没有注意。这几天看书看累了,打开电视,手里拿着遥控板,一通胡摁,居然瞥见此剧正在"热播",忍不住多看了一会儿。发现原来在那里,战争已经变成了地道的儿童游戏,比当年的"嘎子"更进了一层:嘎子和胖墩们,出入戒备森严的日军司令部,就跟到他们二姨家串门一样,连票都不用买。

出于宣传革命英雄主义的需要,在过去相当长的岁月里,我们的电影战争题材占了绝大部分;而战争片无论拍得好坏,调子都差不多相近,无论是歼灭战的大场面,还是游击战的冷枪冷炮,敌人总是一片片地倒下,我军纵然死上一个也难。其效果,在小孩子看来是这样的:打仗好玩。"文革"时期享有豁免权,得以跟八个样板戏一起放映的《地道战》《地雷战》《南征北战》特别典型,而"文革"时期遭到禁映的《小兵张嘎》也是如此,虽然此剧老少咸宜,尤其受小观众的喜爱(本人就是其中一个)。那年月,由于受这种战争片的影响，跟我上下岁数的少年们，对于战争有着近乎狂热的追求和喜爱。1969年"珍宝岛事件"期间，我们自觉自愿，没黑没夜地挖地道，只是我们那里地下水位太高，地道没等挖完就被淹掉了，怎么也找不到《地道战》的感觉。大一点的孩子们还设法做土制火药枪，甚至比着《地雷战》的样子做地雷（最后被老师制止）。大家只有一个念头，盼望着仗快点打起来，打得越大越好。

盼望打仗，当然是希图通过战争当英雄。虽然大人也告诉过要战斗就会有牺牲，但潜意识里都觉得英雄挺好当的，无论敌人武器怎样精良，人数如何众多，都可以被几个毛孩子捉弄得团团转，一个一个地被干掉。无论国民党还是日本人，都只是革命的好人（包括红孩子）的武器运输队，以及供他们戏耍而且可以随便杀掉的狗熊。

中国的孩子真是有幸，在全世界（包括苏联）都在反思战争的残酷性的时候，我们的电影却硬是给孩子的心灵中留下了战争好玩的强烈刺激，以至于天天盼着战争的早日到来。当年中苏战争没有爆发，在今天看来算是万幸，可是在那时的我们看来却是万分的遗憾。不过，比我们年纪大一些、同样受过这类电影熏陶的哥哥姐姐辈，似乎比我们更有幸，他们中的不少人居然赶上了真刀真枪地操练电影里教的东西。从某种意义上讲，"文革"中武斗能够那么迅速地从棒子到扎枪，而且全面演练攻坚战、游击战、麻雀战，跟我们强烈地宣传甚至教学战争片不无关系。只是，这些招数没有机会在"帝修反"身上施展，全用在了"本来没有根本利害冲突"（毛泽东语）的自己人头上。

将原本残酷、血腥的战争变成好玩的儿童游戏，不仅曲解了战争，而且潜移默化地教会了孩子血腥的习性。虽然"文革"已经过去了，那一代认真操练过战争游戏的人们，也许已经意识到战争并不怎么好玩。开放以后的大人孩子也看过了《野战排》《最漫长的一天》《这里的黎明静悄悄》这样真实地反映战争残酷的片子，但是，长期隐藏在人们心里的嗜血因子其实并没有真的消除。我们看到网上和生活中，一谈到跟某些大国的关系，动辄冒出来"打""杀""剁""灭掉"这样的豪言壮语。台湾手无缚鸡之力的文化人龙应台（注意：人家是女性），仅仅因为写了一篇让某些人感到不快的文章，就招来若干网友要杀她全家的威胁。看到这些东西，真不知道我们是否滑进了时间隧道，掉到了猎人头的野蛮时代。

电视剧《小兵张嘎》在暑假热播，想必是在打正在放假的孩子们的主意，以提高收视率。我相信，肯定有孩子像当年的我一样，喜欢这种战争游戏，进而喜欢战争。但是我还是认为，让孩子讨厌战争、远离战争可能更好。当战争真的来临的时候，孩子们更可能地是做了真正的炮灰（被炮弹炸成了灰），而拿起武器卷入战争的孩子，如果不是不得已的话，一般都是无法言说的悲剧。当我们看到在电视镜头中，那些拿着武器相互开火如同游戏一样的非洲孩子时,难道有谁会赞美他们的英雄主义?

当年,我正沉迷于渴望战争的幻想的时候,有位老人告诉我一句话:宁为太平犬,不为战乱人。我花了几十年的工夫,才明白这句话的意思。不仅因为我天性愚钝,实在是当年的电影《小兵张嘎》太迷人了(当年的小嘎子,演技绝对比现在的高一大截)。正因为这样,《小兵张嘎》还是歇歇吧,无论它是电影还是电视剧。

"三十六计"海洛因

中国有半个多世纪没有正经八百地打过仗了,但兵法却异乎寻常得热,只是那些侃兵法和听人侃兵法的人们,基本上与战争无关,只是想着在商场或者官场上一施拳脚。但是奇怪的是,在这轮兵法热中,正经的古代兵法典籍并没有多少人在意,在历史上可以称为兵法经典的《武经七书》中,只有《孙子兵法》还能被人们提及,反倒是那个民国时期才见天日的地摊货《三十六计》,火得一塌糊涂。实际上,人们在说《孙子兵法》的时候,不过在给《三十六计》做陪衬,有些人甚至干脆认为《孙子兵法》和《三十六计》是一回事,讲《孙子兵法》必须讲《三十六计》。

严格来说,《三十六计》不能算是兵法,这个小册子1941年才在陕西某县的一个地摊上露面,作者与年代均不详,据专家考证,很可能是民国早期或者晚清的产物。需要说明的是,此书自问世以来,没有对任何一场战争,哪怕是最小规模的宗族械斗产生过影响。自明末以来,农民起义的领袖们,有照着《三国演义》和《水浒传》打仗的,但在他们那里从来没有《三十六计》的位置，更不用说那些官军的儒将们。三十六计的语源出于"三十六策"，见于《南齐书·王敬则传》，南朝名将王敬则讥讽南齐末帝东昏侯："檀公三十六策，走是上计。"后来民间逐渐流传"三十六计，走为上"的俗语。实际上，这里的"三十六"，是中国阴阳学说里的太阴数，属于民间常用的数字，王敬则不过顺口一说，并非真的有三十六计或者策。有好事者将之铺衍成篇，每计以成语冠名，配上杂凑的解说词，然后再嵌上《易经》卦词，弄得很神秘，怎么看都像是文人的游戏笔墨。

当然，如果仅仅是笔墨游戏，那么大家看了喜欢，哈哈一笑，倒也无妨。可是《三十六计》真正吸引人的地方，是充斥全篇的阴谋气息。三十六计篇名，不仅有围魏救赵、暗渡陈仓、远交近攻、假途伐虢这样跟古代战争有关的成语，而且有借刀杀人、趁火打劫、笑里藏刀、浑水摸鱼之类绝对贬义的词语，还有美人计、连环计这样下作的诡计。人们在追求谋略的时候，似乎所要学的就是无所顾忌的"坏招"，而《三十六计》恰是这种坏招和诡道的赤裸裸的集大成者，在展示阴谋诡计的时候，一点掩饰都没有。诚然，"兵者，诡道也"。但这个诡道主要是指技术的层面。宏观的军事理论，从来都是要讲"道"的，得人心者与否，得道多助，失道寡助。在你死我活的战争中，无所顾忌地一味使坏，将诡计诈术进行到底，可能会有一时的效果，但真正的赢家却往往不是这种面目,他们的谋略库里,一般都有些别的东西。而在基本上不存在肉体消灭的所谓商战中,置人于死地的损招坏招,更是不能轻用。用诡计经商,除了逞一时之快、得一时之利之外,最后祸害的是施用者自己。从某种意义上说,《三十六计》这种东西实际上是一种充斥着诱惑力的毒品,一旦陷进去,就只能靠戕害自身来打发时光,虽然有暂时的兴奋,但终归是摸着小鬼鼻子度日,离死不远。

首先,商场和官场上的"战争",是一种共处状态下的战争,事实上谁也消灭不了谁,无论你有多大的能耐,都必须跟别人分享这个世界。从前有人曾经幻想,整个世界所有的人都死光,只剩下一个漂亮姑娘和一个卖大饼的。但如果卖大饼的存在,后面还得有磨面的,磨面的后面还得有种麦子的,以此类推,最后还要演化出一个很多人共存的世界。如果跟每一个对手的博弈都是零和格局,一个全得,一个全失,将对手剥得干干净净,而你捞得满盆满罐,那么用不了多久,你就会沦为孤家寡人,在商场上没有人敢跟你做生意,在官场你将成为众矢之的。所以,现实是,你活别人也要活,大狗叫,小狗也要叫,高明的竞争者,都明白要给对手留有余地,让你的对手也有利可图。你的赢,只是比对手多占了一点先机或者便宜。商场上总是要保有更多的长久的客户,交更多的生意上的朋友,行诡诈之术,一锤子买卖,只有那些混不下去了,或者安心坑人的人才干的,这种事情,连真正成熟的黑道中人都不屑于为。对于正经的商家而言，诡计诈术如同诸葛亮的空城计，实在万不得已，偶一为之也许勉强可以，用多了，不仅诚信全失，而且容易让多年积累起来的资源消失殆尽。事实上，历史证明，一个热衷于诡道的人，是成不了大气候的。

其次，我们常常想当然地认为除了自己之外，别人的智商都特别低，这是一种许多人都情不自禁地喜欢犯的毛病，一犯就身轻如燕，自许甚高。可惜，事实恰恰相反，即使对于那些比较聪明的人来说，也是如此。你聪明，别人也不笨，你能使诈，别人也能。你能用的东西，别人照样可以请君入瓮，以其人之道还治其人之身。往往沾沾自喜玩了别人一道的时候，很可能螳螂捕蝉，黄雀在后。玩了人，人家报复起来很可能更加疯狂。更可虑者，如果专业就是骗人也就罢了，如果不是，可以骗一次两次，总是骗，人家就把你归到骗子一类了。西方有言道：你可以在所有时间欺骗某些人，可以在某些时间欺骗所有人，但你不能在所有时间欺骗所有人。在一个信息日益发达的世界，随着我们国家跟世界的接轨，商业信息逐渐公开透明，那些打一枪换一个地方，换一个地方骗一个地方坑一个地方的"商家"，日子将越来越不好过。同样，在官场上，如果以金、色相贿，上司没有道理不欢喜，但如果玩了空城计、美人计、苦肉计，比如把上司送上美人的床然后用针孔摄像机录像，即使一时得计，日后的麻烦肯定少不了。即使没有这么黑，玩些拉拉打打、远交近攻、借刀杀人的把戏，一旦名声出来了，估计上级领导也不会喜欢，因为他也担心说不定哪天被你玩了。

最后，诡道不应该是一个正常社会的游戏规则。如果任凭阴谋诡计横行，那么最可怕的是毒化了整个社会的空气。轻则使人与人之间的交往十分费力，成本奇高；见了美女就担心美人计，碰到交易，就担心空城计（空手套白狼），人家哭，说是苦肉计，人家笑，说是笑里藏刀；你算计人，人算计你，时时刻刻提心吊胆，如履薄冰，如临深渊。重则导致社会变成狼的世界，人吃人，从骗与诈变成明火执仗的抢与杀。到了那个时候，所有的人，富的和穷的，将一同进入艰难时刻，谁也没有好日子过。在20世纪20年代的珠江三角洲地区，盗匪横行，穷人强者沦为匪盗，弱者填了沟壑，而那些有钱的华侨们，则把自己的住宅盖成钢筋水泥、钢窗铁门的碉楼，住在里面跟蹲监狱一般，一有风吹草动，就心惊肉跳。在这样的世界里生活，有钱又有什么意思呢？（现在广东的开平，碉楼还在，有心者可以一观。）

中国现在正面临一个转型时期，旧的规则已经瓦解，新的规则还没有最终形成。游戏规则混乱，裁判下场踢球，侥幸者有了太多的侥幸，引得人们向往着新的侥幸。但是，混乱必须终止，转型不能拖久，否则，已经富的将要变穷，穷的也无法变富，前景不是共同富裕，而是共同赤贫。所以，已经侥幸的,不要再希图侥幸;没有侥幸的,也不要幻想侥幸。大家要明白这个道理,只有在规矩的社会里,人们才都有希望,太平世界才是大家过好日子的世界。在这个世界里,人们不必把财产弄出国境,不需要担心不知什么时候落到头上的无妄之灾;发财的路虽然可能没有什么捷径,但获得的财富绝对是踏实的,有一分便是一分。祖先给我们留下了太多的遗产,何必把眼睛只盯在区区诡计上,说到底,诡计不过是些小把戏、小聪明。要想学点祖先的智慧,我们有兵家的庙算、奇正之变,儒家的留有余地、中庸之道,道家的以柔克刚、有为有弗为,这才是真正的大智慧。

有人说,中国传统的东西往往有成瘾性,好的东西如此,坏的东西也如此。诡道之学就是一个,这是一种真正可以倾人身家的海洛因。

站在地上看世界

大学的时候上农学课,老师告诉我们,中国是世界上最适合农耕的国度了,因为积温高,我们在黑龙江依然能种水稻,而同纬度的欧洲,则只能长燕麦。后来,改行弄文,知道了中国人其实也是世界上最善于种地,也最乐于种地的族群。走到哪里,无论气候如何,哪怕是在沙漠和北极,也会尝试着撒把种子,看能不能长出来点什么。

会种地的民族对土地自然十分看重,对地的边界早就有清晰的意识,开始是你部落的我部落的,然后就是你家的我家的,过了界就会起纠纷、闹械斗。不像游牧民族,逐水草而居,赶着牛羊一走就是几千里,哪儿合适哪儿安家,土地的界限从来不很清楚。在中世纪,有了边界意味着生产力高、出产的财富多,但有了边界就容易把自己圈在里面,生于斯长于斯老死于斯,不到万不得已,一般不会动窝。来华的外国传教士有时很诧异[比如那个写了《真正的中国佬》(*The Real Chinaman*)的何天爵(Chester Holcombe)],中国怎么会有连近在咫尺的县城一辈子都没有去过的农民?确实,这样的人还真不少，除了他们家那一亩三分地，活一辈子，顶多去周边村子赶赶集。不愿意动弹说明对自己乡土的固执加依恋，其实出去的人，也同样对自己的乡土恋恋不舍，无论走到哪里，无论去的地方有多么花团锦绣，说起来还是自己的家乡好，哪怕家乡是块兔子不拉屎的穷地方。小时候，长在北大荒，周围都是山东逃荒来的移民，这些人说老家时感觉那个好，简直无法用语言来形容，真不知道他们为什么非要来到这个蛮荒之地。这种情绪甚至传了代，害得我那些没有三块豆腐高的同学，也张口闭口老家长老家短的。

就像"家"对中国人来说意味着价值归依一样，乡土实际上是一种强固的文化。一方水土养一方人，一方水土也造就了一方的生活习惯、人际联系、话语结构和风土人情。用社会人类学家的话来说，这是一种文化模式。在这个世界上，没有人能脱离身属的文化模式独立地生活。不过，模式也有强弱差异，有的人对原有的模式依赖性强，有的则弱一点。一般来说，类似于中国人这样从土里刨食的民族，对原来的文化模式依赖感都要浓重一点。而传统的中国人由于拥有融在乡土里的儒家伦理和相应的宗法结构，所以，只要在传统氛围的乡土里生活过，对于由乡土所代表的文化模式恐怕一生一世都难以完全摆脱。

体现乡土的最大特征是乡音，或者说方言。结成地缘圈子，在很大程度上要依靠乡音的联系。在很多场合下，只要比较地道地学会某种方言,就可以成功地混同于那个方言代表的乡土共同体,至少可以做到不被人家排斥。共同的方言背后是共同的生活方式、文化模式,所以人们才会对自己的乡音感到亲切,对别的方言感到别扭。方言是地缘圈子的触媒,也是形成械斗的原因(过去,人们管这种族群之间的打群架叫"分声械斗")。

所以,可以理解,为什么当年上海在成长为现代大都市的过程中,工人、市民、吃白相饭的,甚至妓女、乞丐,都大体上按着籍贯扎堆。广州的老板雇佣广东的工人,宁波的老板用宁波人,无锡的老板用无锡人。江北来的难民没有人用,只好去做苦力,干那些又苦又累、工钱又少的活计。没有老板罩着,他们有把头和那摩温(洋泾浜英语,number one 的音译,一般指工头),一个把头或者那摩温手下,基本上都是自己本乡本土的人。同为江浙(江南部分)人,由于声气相近,不同地方的工人或者还可以合作,但跟"江北佬"之间,则情同水火,根本弄不到一块去。

做工人如此,去当兵自然也不例外。从袁世凯小站练兵开始,中国的新式军队爱招最老实巴交的农民,招来招去,自然形成了一个单位的军队只要跟长官同乡人的惯例。一个连如此,一个营如此,到后来,一个军阀集团也如此。北方军阀同声(语言相近)的范围较大,因此集团的规模大一些,而南方十里不同声,于是谁也做不大,镇守使(地区)甚至县级的小军阀满地都是。说他们是封建军阀，至少从地缘圈子这个角度，并不冤枉。甚至某些非常现代化的兵种，比如海军，这种地缘集团的面貌也相当明显。一般非福建人在海军是难以立足的，而海军的福建人中，又分为闽南、闽北、闽西等具体的地缘圈。

这种状况，即使在外面的人看来已经很现代了的今日中国，也没有太大的改变。出来打工的农民，基本上是按照地缘圈子分布的，往往是出于某种机缘，沿海某城市的某工厂有了一位内地来的农民工，然后同一个地方的其他农民就会沿着他的路线出来，在这个城市形成一个地缘小圈子。可以说，绝大多数农民工都是以老乡带老乡的方式走出来的，走出来之后，往往形成新的地缘圈子，而那个最早吃螃蟹的人，自然会成为圈子的领袖（当然也是有可能换的）。农民工如此，妓女和乞丐也是一样。跟他们的先辈类似，这些地缘圈子之间，也掺杂着类似黑社会的帮派。这些帮派跟当年的青红帮稍有不同，不是跨地域的大团体，也是按地域组合的。那些进城做各种装修活的有技术的农民，其地缘感更强，他们往往依照小范围的地缘圈子，形成一个个包工队（基本上是同村或者相邻村庄的人），以包工头为中心，跟装修公司合作，承揽业务。跟当年上海工人的把头一样，包工头是工人的剥削者，与公司合作对付工人，同时也是工人的保护人和经纪人，有的包工头甚至为手下的工人租好房子，集中居住，并为工人的福利操心。

很明显，工业化、都市化和现代化的冲击波，并没有斩断中国人传统文化模式的纽带，甚至因为现代化的缘故，走出乡土的农民之间的文化联系反而得到了某种程度的增强。应该说，从乡居到城居，从分散到集体，从种地到做工或者当兵，这些走出乡野的农民的生活形态已经发生了很大的变化。但是，原来生活情景中的某些要素却被移植复制了，不仅被移植复制，而且得到了强化。这些要素构成了新的地缘圈子的强固纽带，原来漫不经心的语言习惯和生活情景，在换了场景之后，变成了弥足珍贵的宝贵财富。从前平平常常的家乡情景，经过同在异地的同乡们共谋，也化为了格外美好的人间天堂。人们就是通过这种对往昔熟悉情景的回忆、编织和建构，加强了彼此之间的联系。在这里，乡土联系变成了第一要素，而对于共同生活更为重要的东西，诸如品质、性格等因素则退到了次要甚至不足道的地方。

显然，发生这种情形的原因，在很大程度上是由于陌生环境和新的生活方式所带来的压力。为了更好地抵御这种压力，从农村走出来的人们只能利用他们所熟悉的资源，甚至格外地开发这种资源，结成新的权力主义的等级结构，将信任和忠诚无条件地交给这个结构，这样才能更好地应付这个复杂多变的环境，生存下来。从某种意义上讲，人们按地缘结成小圈子，是对乡土生活的畸形复制。人们在原来的乡土环境中生活的时候，由于跟外乡人接触不多，所以一般谈不上对外乡人的排斥。然而，到了异地他乡之后，对外乡人生活习惯的看不上甚至鄙视，则成为小圈子日常的话题，而某个或者某些外乡人的出格之举，在经过放大之后，再上升为某种抽象的特质，往往成为小圈子话语中那个地方人的共同特征。这种对外人的排斥，无疑强化了人们对小圈子的依附，使小圈子更容易维持。虽然有其功能性的必然，但也难免给人形成印象，认为国人具有小圈子感过强、难以信任合作的所谓国民性。事实上，在这一点上，那些走出农村多少代，已经完完全全变成城市人的人们，也未能免俗。结成宗派，几乎成为国人在任何地方都无法回避的生存发展之道，也是自毁之道。

正如阶级观念是一种思考的维度一样，乡土也是考察社会和历史的一种视角。我们今天考察农民工的时候，几乎任何人都无法回避地缘的线索和地缘的角度。同样，我们在回顾历史的时候，发现有的时候基于地缘的群体冲突，其意义并不比阶级斗争差。甚至有的时候，我们在强调阶级冲突的时候，往往遮蔽了在这冲突之下原有的地缘矛盾，这样做的结果，同样会使历史的真相昏暗不清。比如，太平天国起义的发生，一般公认是阶级矛盾激化的结果。但是，如果我们换一个角度考察，就会发现，洪秀全和冯云山们创立的拜上帝会（教）在广西紫荆山区立足发展，其实离不开两广地区土客籍冲突斗争的大环境。洪秀全他们是客家人，因此他们创立的教，也只能在两广客家人中找到拥护者，而紫荆山区恰是一个客家人的集中积聚地。拜上帝会（教）的到来，为此地一直受到土籍人压迫的客家人提供了一个非常合适的组织工具。而正是在与土籍人的争斗中，拜上帝会（教）逐渐武装化。同时，由于占据优势资源的土籍人一向比较容易得到官府的支持，拜上帝会（教）与官府和解的可能完全消解，双方的猜忌越积越深，所以，拜上帝会（教）与土籍的冲突逐渐演变成他们与官府的冲突，直至演变成反抗清政府的武装起义。这也是连石达开、韦昌辉这样富有的客籍乡绅也被卷进了起义的缘故。

同理，阶级的分野，有时在现代都市的市民和工人中，也是暧昧不清的。如果非要强行画出敌我分明的一条线来，实际上势必存在许多的误画。在建国之后，扫荡地缘封建关系，将把头和工头归为反动阵营，出于治理的需要，而且有强大的政权做靠山，当然并无不可。但是在白色恐怖下搞工人运动的时候，如果如此地"六亲不认"，那么代价很可能是整个运动的窒息。事实上，在工人运动一度红火的时候，中共工运的领导人，不仅利用非技术、半技术工人的乡土关系动员了工头的力量，而且主要负责人还加入"封建"帮会，借助帮会的力量开展工作。

中国人的阶级意识如果存在的话，肯定要晚于乡土意识。

按西方的经验，比如资格最老的英国工人，其阶级意识的形成有赖于两个因素，一是超越原来乡土的共同的生活娱乐形式的出现；一是跨行业的共同罢工斗争的胜利，即运动的发生。于前者，是足球这种不登大雅之堂却又适合大众集体狂欢的体育运动形式的出现，足球运动的发展，成为工人阶级集体行动的黏合剂；于后者，意味着至少需要大规模的罢工的成功，才能使处于这个阶层的人们意识到他们的共同利益，以及共同行动的必要。在中国，由于特殊的乡土意识，进入都市的人们，实现对乡土的超越，把阶级意识放在首位，恐怕需要的时间更长，条件更苛刻。从某种意义上说，考虑农民工突破乡土的藩篱问题，恐怕在很长的时间内都是乌托邦式的玄想。

任何人在多数时间里，都是站在地上观察这个世界的。可是，不幸的是，脚下的土地和周围的空气一样都是最容易被忽视的。人们往往忘记了，脚的着落处，才是我们行动和观察的最原初的依据。